SCHNELL & LEICHT

JAPANISCH KOCHEN

SCHNELL & LEICHT

JAPANISCH KOCHEN

Titel der Originalausgabe:
The Quick and Easy Japanese Cookbook

Deutsche Erstausgabe

Published by arrangement with Kodansha International, Ltd.
Koordination und Bearbeitung der deutschen Ausgabe:
Braun & Eckhard Printmediendienstleistungsgesellschaft m.b.H.
Übertragung ins Deutsche: Susanne Schmidt-Wussow
Umschlaggestaltung: Gestaltungsbüro Uhlig GmbH, Gersthofen
Umschlagmotive: PhotoDisc, Hamburg/Seattle
Gesamtherstellung: Neue Stalling, Oldenburg
Printed in Germany

ISBN 3-8289-1092-0

I N H A L T

FISCH

FLEISCH

GEMÜSE

EIER

TOFU

REIS/NUDELN

SUPPEN

EINFÜHRUNG

Viele Menschen sind der Meinung, japanisch zu kochen sei schwierig und zeitaufwendig. Dies entspricht ganz und gar nicht der Realität. In diesem Buch möchte ich Ihnen einige Gerichte vorstellen, die gut schmecken und leicht zu kochen sind.

Die Vielfalt der Rezepte mag Sie überraschen. Wer keinen Bezug zur japanischen „Hausmannskost" hat, denkt vielleicht, die japanische Küche bestehe nur aus Sushi und Sukiyaki, die weltweit in japanischen Restaurants serviert werden. Tatsächlich aber kochen die Japaner zu Hause mit einer Vielzahl von Zutaten und auf verschiedenste Arten. Auch Einflüsse aus Asien und Europa wurden dem japanischen Gaumen angepasst und sind inzwischen ein fester Bestandteil der japanischen Küche.

Fast alle Zutaten in diesem Buch sind ohne Schwierigkeiten auch außerhalb Japans erhältlich. Der Leser sollte sich allerdings ein paar Grundgewürze zulegen, wie Sojasoße und *Miso*-Paste, die lange haltbar sind und in vielen Rezepten Verwendung finden. Bei allen weniger bekannten Zutaten habe ich darauf geachtet, mögliche Alternativen anzugeben.

Ich hoffe, dass dieses Kochbuch Menschen auf der ganzen Welt verständlich macht, wie einfach es ist, zu Hause japanisch zu kochen, und wie befriedigend und wohlschmeckend die Ergebnisse sein können.

Gemischter Reis mit Garnelen und Gemüse

15

Für 4 Personen
353 kcal/Portion

ZUBEREITUNGSZEIT 15 min
INKL. GARZEIT 40 min

- 400 g Tassen Reis, ungekocht
- 500 ml Wasser
- 1 kleine Mohrrübe
- 1 Abschnitt (200 g) *Renkon* (Lotuswurzel) oder gekochte Bambussprossen
- 8–10 große Garnelen
- 1 EL Reisessig + 4 EL Reisessig
- 8–10 getrocknete *Shiitake*-Pilze
- 1 EL Sesamöl
- 1 ½ EL Sojasoße
- 1 ½ EL Zucker + 1 EL Zucker
- 1 EL *Sake*
- 1 TL Salz
- 10 cm langer Streifen getrockneter *Konbu* (Seetang), nach Belieben
- 2–3 Stängel *Mitsuba* (Klee) oder glatte Petersilie

LOTUSWURZEL

1. Reis waschen, Wasser zugeben, beiseite stellen.
2. Mohrrübe in dünne Scheiben und dann in Sticks schneiden. Lotuswurzel in dünne Scheiben schneiden und kurz in kaltem Wasser einweichen, um die Schärfe zu mildern (besonders dicke Lotuswurzeln zuerst längs vierteln).
3. Garnelen in einem kleinen Topf kochen, bis sie Farbe annehmen. Mit 1 Esslöffel Essig würzen, kurz umrühren und von der Kochstelle nehmen. Garnelen abtropfen lassen und schälen, Schwanz dabei nicht entfernen.
4. *Shiitake*-Pilze einige Minuten in warmem Wasser einweichen, bis sie aufquellen und weich werden. Abtropfen lassen (Pilzwasser aufheben) und Stiele entfernen. Pilze ausdrücken, in eine kleine Pfanne geben und beidseitig kurz in Sesamöl anbraten.
5. Sojasoße und 1 ½ Esslöffel Zucker zufügen, mit Pilzwasser knapp bedecken und bei mittlerer Hitze köcheln lassen, bis das meiste Wasser verdampft ist. Pilze abkühlen lassen und in dünne Streifen schneiden.
6. *Sake*, Salz, 4 Esslöffel Reisessig und 1 Esslöffel Zucker mischen. Vom ungekochten Reis 5 Esslöffel Wasser abnehmen, durch diese Mischung ersetzen und kurz umrühren. Seetang, Mohrrübe und Lotuswurzel gleichmäßig auf dem Reis verteilen, Garnelen zufügen und den Reis kochen (siehe S. 89). Reis nach dem Kocher weitere 10 Minuten ziehen lassen.
7. Reis vorsichtig mischen, damit sich die Zutaten gleichmäßig verteilen, Seetang entfernen und das Gericht mit gehacktem Klee garnieren.

Überschüssiges Pilzwasser lässt sich hervorragend in *Miso*-Suppe oder in anderen Suppen verwenden.

In *Sake* gedämpfte Venusmuscheln

10

Für 2-4 Personen
39 kcal/Portion

8-12 frische *Hamaguri* (braune Venusmuscheln) oder Miesmuscheln

2 EL *Sake*

1 dünne grüne *Bannônegi*-Zwiebel oder Schnittlauch, nach Belieben

etwas Sojasoße, nach Belieben

Gut geeignet als Beilage zu Spaghetti. Auch delikat zu Knoblauchtoast und einem Glas Wein.

1. Venusmuscheln in eine große Schüssel mit kaltem Wasser legen und Verunreinigungen von Hand entfernen (Miesmuscheln abspülen und Bärte entfernen).
2. Muscheln in eine Pfanne geben, mit *Sake* beträufeln und bei starker Hitze zugedeckt ca. 5 Minuten dämpfen, bis alle Muscheln vollständig geöffnet sind. (Nicht geöffnete Muscheln wegwerfen).
3. Muscheln mit feingehackter grüner Zwiebel garnieren, mit Sojasoße beträufeln und sofort servieren.

Wenn Sie Muscheln auf dem Fischmarkt kaufen, müssen diese möglicherweise gründlicher gereinigt werden. Dazu die Muscheln vor Schritt 1 in Salzwasser einweichen (Salzgehalt etwas niedriger als Meerwasser).

Meeresfrüchtesalat

15

Für 2-4 Personen
74 kcal/Portion

2-3 gekochte Octopusarme oder 200 g gekochter Tintenfisch

1-2 Gärtnergurken

1 kleine rote Paprika

1 kleine gelbe Paprika

½ TL Salz

1 EL Reisessig

1 EL Olivenöl

Oregano, Basilikum und gemahlener schwarzer Pfeffer

1. Octopusarme in dünne, mundgerechte Scheiben schneiden.
2. Gurken in dünne Scheiben und dann in Sticks schneiden. Rote und gelbe Paprika längs halbieren, Stielansätze sowie Kerne entfernen und längs in dünne Streifen schneiden.
3. Octopus, Gurken und Paprika für 5 Minuten in eine Schale mit Eiswasser legen, bis sie knackig sind. Abtropfen, mit Küchenpapier abtupfen und in eine Salatschüssel geben.
4. Salat erst salzen, dann mit Essig und Olivenöl (in dieser Reihenfolge) beträufeln. Kurz mischen und mit Oregano, Basilikum und schwarzem Pfeffer würzen.

Eiswasser macht die Gurken knackiger und die Paprika milder.

Garnelen-Sellerie-Salat mit Ingwerdressing

10

Für 3–4 Personen
112 kcal/Portion

10–12 Garnelen
2 Selleriestangen
Blätter von 2 Selleriestangen
1 EL Reisessig

2 TL Zucker
½–1 TL Salz
½–1 TL frischer Ingwersaft
oder 1 TL gehackter Ingwer

INGWER

1. Därme der Garnelen entfernen und die Garnelen in leicht gesalzenes, kochendes Wasser geben. Bei starker Hitze kochen, bis sie Farbe annehmen. Aus dem Wasser nehmen und schälen, anschließend der Länge nach halbieren und trockentupfen.
2. Selleriefäden entfernen und Stangen in 7–8 cm lange Stücke schneiden. Diese anschließend längs in sehr dünne Streifen schneiden und in eine Schale mit kaltem Wasser legen, bis sie knackig sind.
3. Sellerieblätter sehr fein hacken.
4. Essig, Zucker, Salz und Ingwersaft in einer Salatschüssel mischen. Garnelen, Selleriestücke und Sellerieblätter in dieser Reihenfolge hinzugeben. Durchmischen und servieren.

Wenn Sie die Garnelen in der Schale kochen, bleiben Geschmack und Form besser erhalten. Um eine frische Garnele zu entdarmen, schneiden Sie ein kleines Stück am Rücken auf und ziehen den Darmstrang mit einem Zahnstocher heraus.

Um Ingwersaft herzustellen, reiben Sie Ingwer und drücken den Saft mit den Fingern aus. Für 1 Teelöffel Saft brauchen Sie ein ca. 2½ cm langes Stück Ingwer.

In Wein gekochter Lachs

15

Für 4 Personen
415 kcal/Portion

4 Lachsfilets (je 100 g)
1–2 Selleriestangen mit Blättern
1 Essiggurke
4 EL Mayonnaise
2 EL Milch
100 ml Weißwein
200 ml Wasser
1 Lorbeerblatt
12–16 Cocktailtomaten
½ Zitrone, in Spalten geschnitten

1. Gräten aus den Lachfilets entfernen.
2. Selleriefäden entfernen, Stangen und Blätter in 5 cm große Stücke schneiden. Breitere Stängelteile längs in 2 oder 3 Stücke teilen.
3. Essiggurke fein hacken und für die Soße mit Mayonnaise und Milch mischen.
4. Wein, Wasser, Lorbeerblatt und Selleriestangen (nicht die Blätter) in einer Bratpfanne mischen und bei starker Hitze zum Kochen bringen. Wenn die Mischung kocht, Lachsfilets in die Pfanne geben, mit Sellerieblättern bestreuen und bei mittlerer Hitze ca. 10 Minuten köcheln lassen, bis der Fisch gar ist. Kurz vor dem Servieren Cocktailtomaten zugeben und kurz erhitzen.
5. Portionen einzeln auf Tellern mit Remouladensoße und Zitronenspalte servieren.

Cocktailtomaten erst ganz zum Schluss zugeben und kurz erhitzen.

Kurz gekochte Makrele mit *Miso*-Soße

20

Für 4 Personen
179 kcal/Portion

4 *Saba*- (Makrelen-) Filets (je 160 g)
1 *Gobô* (Klettenwurzel), ungeschält
1 EL *Mirin* + 2 EL *Mirin*
1 EL Sojasoße
gut 100 ml *Sake*
100 ml Wasser + 50 ml Wasser
gut 1 EL *Miso*-Paste (möglichst rote)
1 EL Zucker
Senf, nach Geschmack

KLETTENWURZEL

1. Jedes Filet halbieren und trockentupfen. Auf der Hautseite mehrmals einschneiden.
2. Klettenwurzel gründlich schrubben und in 5 cm lange Stücke schneiden. 5–10 Minuten vorkochen, bis sie weich ist.
3. In einer flachen Pfanne 1 Esslöffel *Mirin*, Sojasoße, *Sake* und 100 ml Wasser mischen und zum Kochen bringen. Fisch mit der Hautseite nach oben in einer Lage zugeben und Klettenwurzel zwischen die Fischstücke legen.
4. Zugedeckt bei mittlerer Hitze ca. 10 Minuten köcheln lassen, den Fisch dabei ab und zu mit Sud begießen.
5. Wenn der größte Teil der Flüssigkeit verdampft und der Fisch gar ist, in einer kleinen Schüssel die *Miso*-Soße aus *Miso*-Paste, Zucker, 2 Esslöffeln *Mirin* und 50 ml Wasser anrühren. Diese Soße in die Pfanne geben und 3 Minuten mitköcheln lassen, die Fischstücke dabei ab und zu begießen. Pfanne von der Kochstelle nehmen.
6. Fisch und Klettenwurzel auf Tellern anrichten. Soße noch einmal kurz erhitzen, mit einem Löffel über den Fisch geben, einen Klecks Senf zugeben und servieren.

Nach Hinzugabe der *Miso*-Soße köcheln lassen; dabei gelegentlich begießen und die Pfanne sanft rütteln, damit sich die Flüssigkeit gleichmäßig verteilt.

Wenn Sie keine Klettenwurzel bekommen, versuchen Sie es stattdessen mit Okra, Rosenkohl oder *Shiitake*-Pilzen.

1 Esslöffel *Mirin* lässt sich durch 1 Esslöffel *Sake* und 1 Teelöffel Zucker ersetzen.

Kabeljau mit Tofu

20

Für 4 Personen
220 kcal/Portion

Blanchieren verbessert den Geschmack des Kabeljaus und macht ihn milder. Sobald die Oberfläche verschlossen ist, Kabeljau in ein Sieb legen und entgräten.

4 Kabeljaufilets (je 130 g), leicht gesalzen
2 Stücke Tofu (möglichst fest)
20–25 cm langes Stück *Daikon*
600 ml *Dashi*-Brühe
3 EL *Sake*
3 EL helle (*Usukuchi*) Sojasoße
1 EL *Mirin*
eine Prise Salz
Shichimi tôgarashi (roter Pfeffer) oder rote Chiliflocken, nach Belieben
Schale einer *Yuzu* (japanische Zitrone), nach Belieben

1. Jedes Filet in 3 Stücke teilen. Einige Sekunden in kochendem Wasser blanchieren, abtropfen lassen und Gräten entfernen.
2. Tofustücke achteln.
3. *Daikon* reiben und zum Abtropfen in ein Sieb legen.
4. *Dashi*-Brühe (siehe S. 90) in einen Topf geben, Kabeljau und Tofu zufügen und bei starker Hitze zum Kochen bringen. *Sake*, Sojasoße, *Mirin* und Salz zufügen und erneut aufkochen. Hitze etwas reduzieren und etwa 1 Minute köcheln lassen, bis der Tofu vollständig erhitzt ist.
5. Geriebenen *Daikon* unterrühren und Mischung zum Kochen bringen. Topf zudecken, vom Herd nehmen und den Kabeljau ca. 2 Minuten ziehen lassen.
6. Vor dem Servieren mit Pfeffer und etwas Zitronenschale bestreuen.

Falls Sie den Fisch im Asienladen kaufen: Gesalzener Kabeljau heißt auf Japanisch *Shiodara*, frischer Kabeljau ist unter dem Namen *Namadara* erhältlich. Wenn Sie frischen Kabeljau verwenden, fügen Sie eine reichliche Prise Salz hinzu.

Falls Sie keine helle Sojasoße zur Verfügung haben, verwenden Sie stattdessen 1 Esslöffel Sojasoße + 1 ½ Teelöffel Salz. *Mirin* lässt sich durch 1 Esslöffel *Sake* + 1 Teelöffel Zucker ersetzen.

Panierte Garnelen

30

Für 4 Personen
216 kcal/Portion

Mit der Spitze eines scharfen Messers auf der Unterseite einige Male einschneiden und die Garnele vorsichtig gerade ziehen.

12 mittelgroße Garnelenschwänze
Allzweckmehl
1 Ei, verrührt
Paniermehl
Pflanzenöl zum Frittieren
Kopfsalatblätter
Cocktailtomaten
½ Zitrone, in Spalten geteilt
Mayonnaise, nach Geschmack
Worcestersoße, nach Geschmack

1. Garnelenschwänze schälen (Schwanzfächer nicht entfernen) und Darmstrang herausziehen. Auf der Unterseite 3 oder 4 Einschnitte vornehmen, um ein Aufrollen zu verhindern, dann gerade ziehen: Dazu vorsichtig ziehen, bis ein leichtes Nachgeben zu spüren ist. Mit Küchenpapier trockentupfen.
2. Garnelen mit Mehl bestäuben, in verrührtes Ei tunken und in Paniermehl wenden.
3. Öl auf mittlere Hitze erhitzen (170–180 °C) und Garnelen frittieren, bis sie goldbraun sind. Aus dem Öl nehmen und auf einem Gitter abtropfen lassen.
4. Garnelen mit in dünne Streifen geschnittenen Salatblättern, den Cocktailtomaten und einer Zitronenspalte auf einzelnen Tellern anrichten. Mit Mayonnaise oder Worcestersoße servieren.

Die Öltemperatur können Sie überprüfen, indem Sie das Öl umrühren und ein wenig Teig hineingeben. Wenn der Teig halb hinuntersinkt und dann wieder an die Oberfläche kommt, ist die Temperatur genau richtig.

Wenn Sie Remouladensoße bevorzugen, vermischen Sie 2 Esslöffel Mayonnaise, 1 Esslöffel Milch und ein wenig fein gehackte Essiggurke.

Gegrillter Fisch

10

Für 4 Personen
253 kcal/Portion

Um den Fisch gleichmäßig zu salzen, aus einer Höhe von 20 cm mit Salz bestreuen. Fisch umdrehen und Vorgang wiederholen. Nicht mit Salz einreiben.

- 4 *Sanma* (Makrelenhechte), *Nijimasu* (Regenbogenforellen), *Aji* (Rossmakrelen), Lachsfilets oder beliebiger anderer kleiner Fisch
- Salz
- 12 cm langes Stück *Daikon*, gerieben, nach Belieben
- 2 *Sudachi* (japanische Limetten) oder Zitronenspalten
- Sojasoße, nach Geschmack

1. Der Fisch sollte bereits geputzt und entschuppt gekauft werden (Kopf und Schwanz können nach Belieben entfernt werden). Fisch abspülen und mit Küchenpapier trockentupfen. Auf beiden Seiten salzen und 5–10 Minuten zur Seite legen.
2. Fisch auf einen Rost legen und 7–8 Minuten grillen, bis die Oberseite goldbraun ist. Heruntertropfendes Fett in der Fettpfanne auffangen
3. *Daikon* schälen und reiben, in einem Sieb abtropfen lassen.
4. Fisch auf 4 Teller verteilen, mit einem Häufchen *Daikon* und einer halben japanischen Limette garnieren. Sojasoße auf den Tisch stellen; sie wird nach Belieben über Fisch und *Daikon* geträufelt.

Dieses Gericht kann auch in einer antihaftbeschichteten Pfanne zubereitet werden. Dazu den Fisch nicht mit Salz bestreuen, sondern vor dem Braten 20–30 Minuten lang in Salzwasser einweichen, anschließend trockentupfen. Bratpfanne stark erhitzen, Fisch hineingeben und Temperatur auf mittlere Hitze reduzieren. Fisch braten, bis er eine goldbraune Färbung annimmt, umdrehen und von der anderen Seite braten.

In Folie gebackener Kabeljau mit Pilzen

20

Für 4 Personen
113 kcal/Portion

Nahezu jeder Fisch kann auf diese Weise schmackhaft zubereitet werden. Versuchen Sie es auch mit Lachs oder einem weißen Fisch (z. B. Flunder oder Heilbutt, auf Japanisch *karei* bzw. *hirame*). Seebarsch (*suzuki*) ist ebenfalls gut geeignet.

- 100 g frische beliebige Pilze (junge Champignons, *Shiitake*, *Shimeji* usw.)
- Pflanzenöl
- 4 frische Kabeljaufilets (je 130 g)
- Salz und gemahlener schwarzer Pfeffer nach Geschmack
- 4 TL *Sake*
- 4 TL Butter
- ½ Zitrone, in Spalten geschnitten
- Sojasoße, nach Geschmack

Kabeljau wird in Japan häufig leicht gesalzen verkauft. Um das Salz zu entfernen, den Fisch 5–10 Minuten in Salzwasser einweichen (Salzgehalt etwas höher als Meerwasser).

1. Harte Enden der Pilzstiele abschneiden und die Pilze je nach Sorte entweder vierteln oder Hüte in dünne Streifen schneiden.
2. Vier Stück Alufolie (Kantenlänge 20 cm) ausbreiten, in die Mitte etwas Pflanzenöl geben. Fisch auf die Folien legen, salzen und pfeffern. Je ein Viertel der Pilze darübergeben, Fisch mit 1 Teelöffel Sake beträufeln und 1 Teelöffel Butter zufügen. Auf diese Weise vier Folienpakete herstellen.
3. Jedes Paket verschließen (Kanten aufeinander legen und zweimal falten). Dann die anderen Kanten zur Mitte einschlagen.
4. Ofen auf 250 °C vorheizen und die Fischpakete 10–15 Minuten backen.
5. Fisch in der Folie servieren. Mit Zitronenspalte garnieren und nach Geschmack mit Sojasoße beträufeln.

Die längeren Kanten der Folie aneinander legen und über dem Fisch zweimal falten. Kürzere Kanten zur Mitte hin einschlagen.

Gemischte Tempura

45

Für 4-8 Personen
409 kcal/Portion

8 große Garnelenschwänze
1 Tintenfisch
4 *Kisu* (Weißling) oder sehr dünne Filets eines anderen weißen Fisches
1 kleine Mohrrübe
50 g grüne Bohnen
200 g *Renkon* (Lotuswurzel)
280 g *Satsumaimo* (Süßkartoffel)

FÜR DEN BACKTEIG
1 Ei, verquirlt
knapp 200 ml Eiswasser
140 g Mehl
Öl zum Frittieren

FÜR DEN DIP
400 ml *Dashi*-Brühe
2 EL *Mirin* oder 2 EL *Sake* + 2 TL Zucker
4 EL helle *(Usukuchi)* Sojasoße oder 4 EL normale Sojasoße + 2 Prisen Salz
1 EL Sojasoße

15 cm langes Stück *Daikon*, gerieben
1 Stückchen frischer Ingwer, gerieben

1. Garnelenschwänze schälen (Schwanzfächer dabei nicht entfernen) und entdarmen. Auf der Unterseite jeweils 3- bis 4-mal einschneiden, um ein Einrollen zu verhindern, und vorsichtig gerade ziehen.
2. Tintenfisch ausnehmen und die dünne violett gefleckte Haut abziehen. Längs halbieren und in 2 cm breite Streifen schneiden.
3. Weißling kurz abspülen.
4. Mohrrübe in 5 mm dicke Scheiben schneiden. Bohnen abfasern und in 2–3 Abschnitte teilen.
5. Lotuswurzel und Süßkartoffeln schälen und in 5 mm dicke Scheiben schneiden. Alles einige Minuten lang in leicht gesalzenes Wasser legen.
6. Teig zubereiten: So viel Eiswasser zum verquirlten Ei zugießen, bis die Menge 200 ml beträgt. Mehl zugeben und vorsichtig verrühren.
7. Öl in einer Bratpfanne auf 170–180 °C erhitzen. Alle Zutaten mit Küchenpapier trockentupfen, dann nacheinander durch den Teig ziehen und ausbacken. Dabei mit der Lotuswurzel und den Süßkartoffeln beginnen, da sie die längste Garzeit haben, anschließend die Meeresfrüchte frittieren. Tintenfisch vor dem Eintauchen in den Teig auf beiden Seiten leicht mit Mehl bestäuben, um ein Abtropfen zu verhindern. Mohrrübe und Bohnen als letztes backen (Bohnen gruppenweise eintauchen, nicht einzeln).

   (Jede Zutat nur kurz in den Teig tauchen und sofort frittieren. Zutaten einzeln in die Pfanne geben und ohne Überlappungen gleichmäßig verteilen. Da die Temperatur des Öls mit jeder neuen Zutat abfällt, die Hitzezufuhr direkt nach dem Hineingeben ein wenig erhöhen und regulieren, wenn die Temperatur gestiegen ist.)
8. Sobald die Zutaten gar und kross sind, aus der Pfanne nehmen und zum Abtropfen auf ein Gitter legen. Vor dem Servieren auf einem großen Teller anrichten.
9. Für den Dip *Dashi*-Brühe, *Mirin*, helle Sojasoße und normale Sojasoße mischen und bei starker Hitze zum Kochen bringen. Etwas geriebenen *Daikon* und geriebenen Ingwer in einzelne Schalen geben und Dip in die Schalen schöpfen. (Jede Person nimmt jeweils ein Stück Tempura und taucht es vor dem Essen in die eigene Schale.)

Auch die folgenden Zutaten lassen sich gut für Tempura verwenden: Zwiebeln, Kartoffeln, Paprika, in dünne Streifen geschnittener *Kabocha* (Kürbis), frische *Shiitake* oder andere Pilze sowie ganze Okra.

Die Öltemperatur lässt sich wie folgt überprüfen: umrühren und ein wenig Teig hineingeben. Wenn der Teig zur Hälfte absinkt und dann wieder an die Oberfläche steigt, ist die Temperatur genau richtig.

Zutaten gleichmäßig in der Pfanne verteilen, dabei in der Mitte beginnen. Wenn der Teig durchgebacken ist, die Stücke herausnehmen und einen Moment an die Luft halten.

Beim Frittieren die Zutaten nicht bewegen, bis der Teig fest wird. Dann mit Kochstäbchen oder einer Zange herausnehmen, einen Moment an die Luft halten und wieder ins Öl geben. Durch dieses „Lüften" lassen sich krosse Tempura ohne viel Öl zubereiten.

Kleine Teigreste gelegentlich mit einem Sieb abschöpfen, damit sie nicht verkohlen.

Daran erkennen Sie, dass die Zutaten gar sind: Das Frittiergeräusch wird leiser und die Zutaten steigen nach oben. Überschüssiges Öl abschütteln und die Zutaten aufrecht in Reihen auf einem Gitter trocknen.

Fisch süßsauer

Für 4 Personen
222 kcal/Portion

- 5–6 getrocknete *Shiitake*-Pilze
- 1 Bambussprosse, gekocht (200 g)
- ½ Mohrrübe
- ½ Zwiebel
- 4–5 dünne grüne *Bannônegi*-Zwiebeln oder Schnittlauch
- 4 Filets von Flunder oder Kabeljau oder beliebigem anderem weißen Fisch (je 140 g)
- Kartoffelstärke zum Bestäuben + 1 EL Kartoffelstärke, mit 1 EL Wasser angerührt
- Pflanzenöl zum Frittieren
- 100 ml Wasser
- 1 EL Ketchup
- 1 EL Reisessig
- 1 EL Zucker
- 1 EL *Sake*
- 2 EL helle (*Usukuchi*) Sojasoße oder 2 TL normale Sojasoße + 1 TL Salz
- ½ TL Sesamöl

DÜNNE GRÜNE ZWIEBELN (*BANNÔNEGI*)

1. *Shiitake*-Pilze 10 Minuten in warmem Wasser einweichen und abtropfen lassen. Stiele entfernen, Hüte in dünne Streifen schneiden. Bambussprosse und Mohrrübe in dünne Scheiben und dann in Sticks schneiden. Zwiebel in feine Ringe, Ingwer in dünne Streifen schneiden. Bannônegi-Zwiebeln in 2–3 cm lange Stücke schneiden.
2. Fisch in mundgerechte Stücke schneiden und mit Kartoffelstärke bestäuben. Öl im Wok oder in der Bratpfanne auf mittlere Temperatur erhitzen (siehe S. 19, Anmerkung zu „Panierte Garnelen"), Fisch zugeben und frittieren, bis er gar und kross ist. Von der Kochstelle nehmen und Fisch auf einem Teller anrichten.
3. In einem kleinen Topf Wasser, Ketchup, Essig, Zucker, *Sake* und Sojasoße mischen. Pilze, Bambussprossen, Mohrrübe, Zwiebel und Ingwer zufügen, zum Kochen bringen und kochen, bis die Mohrrübe weich wird. Gelöste Kartoffelstärke einrühren und von der Kochstelle nehmen, sobald die Mischung eindickt und glasig wird.
4. Grüne Zwiebeln und Sesamöl zufügen und rasch verrühren. Soße über den Fisch geben und sofort servieren.

Kurz gekochter Fisch mit *Sake* und Ingwer

Für 4 Personen
125 kcal/Portion

- 4 *Karei*- (Flunder-)Filets oder Filets von einem anderen weißen Fisch (je 160 g)
- 1 Stückchen frischer Ingwer, ungeschält
- 12 *Shishito* (süße grüne Paprika) oder 2 Paprika
- 100 ml *Sake*
- 100 ml Wasser
- 3–4 EL Sojasoße
- 3–4 EL *Mirin* oder 3–4 EL *Sake* + 1 EL Zucker
- 1 EL Zucker

Fisch gleichmäßig mit Brühe begießen. Dieses Gericht sollte bei starker Hitze gekocht werden, das mildert den strengen Fischgeschmack.

1. Fisch trockentupfen und auf beiden Seiten mehrmals leicht einschneiden.
2. Ingwer in dünne Scheiben schneiden. Stiele der *Shishito*-Paprika entfernen.
3. Mittelgroßen Topf anfeuchten (um ein Ansetzen zu vermeiden), *Sake*, Wasser, Sojasoße, *Mirin* und Zucker mischen und bei mittlerer Hitze zum Kochen bringen. Fisch zugeben und zugedeckt 7–10 Minuten bei starker Hitze kochen, dabei Fisch gelegentlich begießen. Nach 5 Minuten Paprika zufügen und mitköcheln lassen.
4. Zum Servieren etwas Soße über Fisch und Paprika löffeln.

Wenn Sie Paprikas verwenden, schneiden Sie diese längs in 4–6 Stücke.

Aromatische Chicken Nuggets mit *Naganegi*

15

Für 2–4 Personen
345 kcal/Portion

Überschüssiges Fett vom Huhn entfernen.

- 2 Hühnerschenkel, ausgelöst
- 2 lange grüne *Naganegi*-Zwiebeln oder 1 Zwiebel
- 2 EL *Miso*-Paste
- 2 EL *Mirin* (oder Honig)
- 2 EL *Sake*
- 1 TL Sesamöl
- japanischer *Sanshô*-Pfeffer oder *Shichimi tôgarashi* (roter Pfeffer) oder rote Chiliflocken
- Pflanzenöl zum Braten
- Salz, nach Geschmack

Wenn Sie keine *Miso*-Paste zur Verfügung haben, verwenden Sie stattdessen 2 Esslöffel Sojasoße.

1. Fleisch in mundgerechte Stücke schneiden, dabei überschüssiges Fett entfernen. *Naganegi* in 4 cm große Stücke schneiden.
2. In einer Schüssel *Miso*-Paste, *Mirin*, *Sake*, Sesamöl und japanischen Pfeffer gründlich mischen.
3. Ein wenig Öl in der Bratpfanne erhitzen. Wenn das Öl heiß ist, Fleisch mit der Haut nach unten bei mittlerer bis starker Hitze anbraten, bis die Haut braun und kross ist. Fleisch wenden und *Naganegi*-Stücke in die Zwischenräume geben. Weiterbraten, bis das Fleisch gar ist.
4. *Miso*-Mischung direkt über das Fleisch geben, Hitze ein wenig herunterdrehen und weiterbraten, bis die Soße glasig wird und eindickt. Zwiebeln mit Salz und japanischem Pfeffer würzen. Von der Kochstelle nehmen, Fleisch und Zwiebeln auf einem Teller anrichten und servieren.

LANGE GRÜNE ZWIEBELN (*NAGANEGI*)

Japanische Hähnchenpfanne

15

Für 4 Personen
228 kcal/Portion

2–3 Hühnerschenkel, ausgelöst
8 frische *Shiitake*-Pilze
8 *Shishito* (süße grüne Paprika) oder 3 kleine Paprika
2–3 EL Sojasoße
2–3 EL *Mirin* oder 2 bis 3 EL *Sake* + 2 TL Zucker
japanischer *Sanshô*-Pfeffer, nach Belieben
shichimi tagarashi (roter Pfeffer) oder rote Chiliflocken, nach Belieben

1. Überschüssiges Fett vom Huhn entfernen.
2. Harte Pilzstiele entfernen und jeden Pilz halbieren oder vierteln. Falls Sie Paprika verwenden, Stielansätze und Kerne entfernen und längs in 4–6 Stücke schneiden.
3. Für die Soße *Mirin* und Sojasoße mischen und beiseite stellen.
4. Antihaftbeschichtete Pfanne stark erhitzen. Fleisch mit der Haut nach unten bei mittlerer bis starker Hitze anbraten, bis die Haut kross und goldbraun ist. Wenden und von der anderen Seite braten. *Shiitake* und Paprika zufügen.
5. Wenn das Fleisch gar ist, Soße zugeben. Fleisch und Gemüse mehrmals wenden, um den Geschmack zu verstärken.
6. Wenn die Soße eindickt, Fleisch aus der Pfanne nehmen und in mundgerechte Stücke schneiden. Mit Pilzen und Paprika dekorativ auf einem Teller anrichten. Heiß servieren, *Sanshô*-Pfeffer und *Shichimi tôgarashi* (roten Pfeffer) zum Würzen reichen.

Banbanji (Kaltes Sesamhähnchen)

20

Für 2–4 Personen
243 kcal/Portion

2 Hühnerbrüste (250 g)
eine Prise Salz
250 g Sojabohnensprossen
2 Gärtnergurken
150 g weiße Sesamkörner, geröstet
3 EL Sojasoße
3 EL *Mirin* oder 3 EL *Sake* + 1 EL Zucker
3 EL Reisessig
12 Cocktailtomaten, halbiert

Durch die Hühnerbrühe wird der Sesamgeschmack abgemildert.

1. Fleisch in einen kleinen Topf mit leicht gesalzenem, kochendem Wasser geben und ca. 10 Minuten kochen. Im Kochwasser abkühlen lassen. Fleisch herausnehmen, Brühe aufheben. Nach dem Abkühlen mit den Fingern in längliche Stücke teilen.
2. Sprossen in einem zweiten Topf blanchieren, sofort mit kaltem Wasser abspülen und abtropfen lassen.
3. Gurken zunächst in dünne Scheiben, dann in Sticks schneiden.
4. Für die Soße die Sesamkörner in einem japanischen Mörser zerstoßen oder in der Mühle bzw. Küchenmaschine mahlen. Sojasoße, *Mirin* und Essig zufügen und nach und nach mit der Hühnerbrühe mischen; dabei nur so viel zufügen, bis die Mischung glatt ist.
5. Sprossen, Gurken und Hühnchen auf einem Teller anrichten. Sojasoße darüber geben und mit Cocktailtomaten servieren.

Die Sesamkörner müssen gründlich zerstoßen werden.

Kurz gebratene Leber mit *Nira* (chinesischer Schnittlauch)

20

Für 4 Personen
101 kcal/Portion

Leberstücke gut vorkochen, bis sie durch und durch die Farbe gewechselt haben.

200 g Hühner- oder Schweineleber
1 Knoblauchzehe
1 Bund (100 g) *Nira* (chinesischer Schnittlauch)
2 EL Pflanzenöl zum Braten
2 EL Sojasoße
1 EL *Sake*
gemahlener schwarzer Pfeffer nach Geschmack

1. Leber vorsichtig unter fließendem Wasser abspülen und in mundgerechte Würfel schneiden. In kochendes Wasser geben und 5–6 Minuten vorkochen, bis das Fleisch gar ist. Abtropfen und trockentupfen.
2. Knoblauch in dünne Scheiben schneiden. Schnittlauch in 4 cm große Stücke schneiden.
3. Öl in einer Bratpfanne erhitzen, Leber zugeben und kurz bei kleiner Hitze anbraten. Auf einen Teller legen und beiseite stellen.
4. Ein wenig Öl abgießen. In derselben Pfanne Knoblauch anbraten, bis er duftet. Leber wieder zugeben und sehr kurz bei großer Hitze braten. Von der Kochstelle nehmen und mit Sojasoße und *Sake* würzen.
5. Pfanne wieder auf die Herdplatte stellen und Schnittlauch zufügen. Mit gemahlenem Pfeffer bestreuen und einige Sekunden bei großer Hitze braten. Aus der Pfanne nehmen und sofort servieren, bevor der Schnittlauch wässrig wird.

Leber hat eine lange Garzeit und sollte daher vor dem Braten bei kleiner Hitze gut vorgekocht werden. Schnittlauch erst ganz zum Schluss zugeben und vom Herd nehmen, wenn er noch roh aussieht.

CHINESISCHER SCHNITTLAUCH

Kross gebratenes Huhn

20

Für 4 Personen
263 kcal/Portion

Sie brauchen zum Frittieren nicht viel Öl. Wenn Sie eine Bratpfanne halb mit Öl füllen, können die Hähnchenstücke während des Garens „auslüften“ und werden dadurch krosser.

3 Hühnerschenkel, ausgelöst
1 TL frischer Ingwersaft
2 EL Sojasoße
1 EL *Sake*
½ TL Sesamöl
gemahlener schwarzer Pfeffer nach Geschmack
3–4 gehäufte EL Kartoffelstärke
Pflanzenöl zum Frittieren
einige Zweige Petersilie

1. Fleisch in mundgerechte Stücke schneiden, dabei überschüssiges Fett entfernen. Mit Ingwersaft, Sojasoße, *Sake*, Pfeffer und Sesamöl würzen und kräftig durchrühren. Fleischstücke in Kartoffelstärke wenden.
2. In einer Bratpfanne Öl auf mittlere Hitze erwärmen (siehe S. 19, Anmerkung zu „Panierte Garnelen“). Fleisch mit der Haut nach unten braten, bis es goldbraun ist. Wenden und weiterbraten.
3. Hitze etwas verringern und weiterbraten, bis das Fleisch fast gar ist. Hitzezufuhr wieder erhöhen und Fleischstücke noch einmal wenden, bis sie kross sind. Aus dem Öl nehmen und gut abtropfen.
4. Auf einem Servierteller anrichten und mit Petersilie garnieren.

Um Ingwersaft herzustellen, reiben Sie Ingwer und drücken den Saft mit den Fingern aus. Für 1 Teelöffel Saft brauchen Sie ein ca. 2½ cm langes Stück Ingwer.

Hacksteak

Für 4 Personen
373 kcal/Portion

300 g gemischtes Schweine- und Rinderhackfleisch oder nur Rinderhack
½ TL Salz
1 TL Worcestersoße
½ Zwiebel
1 EL Pflanzenöl + Pflanzenöl zum Frittieren
1 Paprika
2–3 Kohlblätter + Kohlblätter zum Garnieren
Mehl
1 Ei, verquirlt
Paniermehl
Senf und Worcestersoße, nach Belieben

1. Fleisch mit Salz und Worcestersoße würzen und durchkneten.
2. Zwiebel sehr fein hacken und in 1 Esslöffel Öl glasig dünsten. 2–3 Kohlblätter und die Paprika sehr fein hacken und gründlich mit dem Fleisch vermengen.
3. Fleisch in 8 Portionen teilen und zu ovalen Hacksteaks formen, in der Mitte dabei etwas eindrücken.
4. Jedes Hacksteak in Mehl, Ei und Paniermehl wenden (in dieser Reihenfolge) und bei mittlerer Hitze (siehe S. 19, Anmerkung zu „Panierte Garnelen“) goldbraun frittieren.
5. Hacksteaks aus dem Öl nehmen und auf einem Gitter abtropfen lassen. Mit einem Häufchen in dünne Streifen geschnittener Kohlblätter und einem Klecks Senf servieren. Mit Soße Ihrer Wahl beträufeln.

Die Hacksteaks vor dem Formen von einer Hand in die andere werfen, damit die Luft entweicht. Dann zu ovalen Frikadellen formen, die etwas länger und schmaler sind als Hamburger.

Yakiniku-Rindfleisch

Für 4 Personen
275 kcal/Portion

In einem Wok lässt sich das ganze Fleisch auf einmal braten; eine Bratpfanne leistet ebenfalls gute Dienste, wenn Sie das Fleisch in zwei oder drei Durchgängen braten. Auf einem Raclette- oder Tischgrill können Sie das Fleisch auch beim Essen frisch zubereiten.

gut 2 EL Sojasoße
1 EL weiße Sesamkörner, geröstet
1 EL Sesamöl
1 Knoblauchzehe, gerieben
1 *Naganegi*-Zwiebel (oder Zwiebel), feingehackt
gemahlener schwarzer Pfeffer nach Geschmack
400 g Rindfleisch, Lende oder Rumpsteak, in dünne Scheiben geschnitten
Kohlblätter
Cocktailtomaten

1. Für die Soße in einer großen Schüssel Sojasoße, Sesamkörner, Sesamöl, Knoblauch, *Naganegi* und schwarzen Pfeffer mischen. Fleisch zugeben und gründlich mit der Soße vermengen.
2. Wok stark erhitzen und Fleischscheiben so darin ausbreiten, dass sie nicht übereinander liegen. Fleisch unten kross werden lassen, wenden und kurz rührbraten.
3. Fleisch auf einem Bett aus Kohlblättern anrichten und mit Cocktailtomaten garnieren. Sofort servieren.

Da die Soße Sesamöl enthält, ist zum Anbraten kein Öl nötig; falls gewünscht, kann jedoch ein wenig Öl zugegeben werden.

Japanische Hamburger

30

Für 4 Personen
416 kcal/Portion

Fleisch von einer Hand in die andere werfen, damit überschüssige Luft entweichen kann. Dann zu Frikadellen formen.

400 g Rinderhack
½ TL Salz
gemahlener Pfeffer, nach Geschmack
½ Zwiebel
Pflanzenöl zum Braten
1 Ei
50 ml Milch
150 g Semmelbrösel
130 ml Wasser
3 EL Ketchup
1 EL *Sake*
2 EL Worcestersoße
1 TL Sojasoße
1 EL Butter

1. Fleisch salzen und pfeffern, beiseite stellen.
2. Zwiebel fein hacken und in wenig Öl glasig dünsten. Von der Kochstelle nehmen und beiseite stellen.
3. In einer Schüssel Ei und Milch verrühren, dann Semmelbrösel zugeben und kurz mischen. Beiseite stellen, damit sich der Geschmack entfalten kann.
4. Zwiebel und Semmelbröselmischung zum Fleisch zgeben. Mit den Händen 2- bis 3-mal sanft durchkneten.
5. Ein wenig Öl in den Handflächen verreiben und das Fleisch in vier Portionen teilen. Jede Portion wie einen Ball von einer Hand in die andere werfen, damit die Luft entweicht. Zu 4 Hamburgern formen, dabei jeweils in der Mitte mit dem Daumen eine Mulde drücken.
6. Ein wenig Öl in einer Bratpfanne erhitzen und Hamburger bei mittlerer Hitze anbraten, bis sie auf einer Seite schön braun sind. Wenden und auf der anderen Seite bräunen.
7. Kochendes Wasser in die Pfanne geben, bis die Hamburger halb bedeckt sind. Pfanne abdecken und bei mittlerer bis starker Hitze kochen, bis das Fleisch gar ist. Deckel entfernen, auf mittlere Hitze zurückschalten und weitergaren, bis die gesamte Flüssigkeit verdampft ist. Einzeln auf Tellern anrichten.
8. Für die Soße Wasser, Ketchup, *Sake*, Worcestersoße, Sojasoße und Butter in der benutzten Pfanne mischen und zum Kochen bringen. Köcheln lassen, bis die Soße etwas eindickt, anschließend über die Hamburger schöpfen. Mit Gemüse Ihrer Wahl servieren.

Für die Zubereitung köstlicher Hamburger gibt es zwei Geheimnisse: Erstens die Semmelbröselmischung getrennt herstellen und nur ganz leicht mit dem Fleisch vermengen, damit das Fleisch locker bleibt. Zweitens Wasser in die Pfanne geben, damit das Fleisch gleichmäßig gar wird.

Schweinefleisch mit Ingwer

15

Für 4 Personen
227 kcal/Portion

400 g Schweinefleisch, in dünne Scheiben geschnitten
2 EL Sojasoße
1 EL *Mirin* (oder 1 EL *Sake* + 1 TL Zucker)
1 Stückchen frischer Ingwer, gerieben
1 TL Sesamöl
Pflanzenöl zum Braten
Kohlblätter, grob zerpflückt

1. Zwei Scheiben Fleisch ausbreiten und aufeinander legen. Alle Scheiben auf diese Weise vorbereiten.
2. Für die Soße in einer Schüssel Sojasoße, *Mirin*, geriebenen Ingwer und Sesamöl mischen.
3. Pflanzenöl in einer Bratpfanne erhitzen. Mit Stäbchen oder einer Zange ein Paar Fleischscheiben aufnehmen, von beiden Seiten kurz in die Soße tauchen und bei mittlerer Hitze anbraten. Wenn sich die Farbe ändert, umdrehen und weiterbraten, bis sich die Scheiben trennen. Dann die ungebratenen Seiten der Scheiben braten, bis das Fleisch gar ist. Alle Scheiben auf diese Weise zubereiten.
4. Mit frischen Kohlblättern sofort auf Portionstellern servieren.

Wenn Sie zwei Scheiben Fleisch zusammen in die Soße tunken, nimmt das Fleisch nicht zu viel Würze auf.

Gekochte Hühnerfleischbälle

20

Für 4 Personen
198 kcal/Portion

Fleisch mit zwei Löffeln aufnehmen und in den Topf gleiten lassen.

300 g Huhn, gehackt
1 TL Sojasoße + 2 EL Sojasoße
1 TL *Sake* + 2 EL *Sake*
½ TL frischer Ingwer, gerieben
2 EL Kartoffelstärke
8 getrocknete *Shiitake*-Pilze
400 ml Wasser
2 EL *Mirin* (oder 2 EL *Sake* + 2 TL Zucker)

1. Fleisch mit je 1 Teelöffel Sojasoße und *Sake*, geriebenem Ingwer und Kartoffelstärke würzen. Gut durchmischen.
2. *Shiitake*-Stiele entfernen und Pilze halbieren oder vierteln. In einem kleinen Topf 400 ml Wasser zum Kochen bringen, Pilze zugeben und 4–5 Minuten köcheln lassen, bis sie größer werden.
3. 2 Esslöffel *Sake*, 2 Esslöffel Sojasoße und *Mirin* zufügen und zum Kochen bringen.
4. Mit einem Löffel Fleischbällchen formen und in den Topf gleiten lassen. Wenn alle Fleischbällchen im Topf sind, abdecken und 10–15 Minuten bei mittlerer Hitze köcheln lassen, bis die Flüssigkeit größtenteils verdampft ist. Topf schütteln, um die Fleischbällchen gleichmäßig mit Soße zu bedecken, und sofort servieren.

Kochen ohne vorheriges Einweichen macht die *Shiitake*-Pilze kernig und delikat. Die Pilze nehmen Wasser auf und geben gleichzeitig beim Köcheln der Brühe den Geschmack.

Diese Fleischbällchen werden als Hauptgericht gegessen. Dazu passen weißer Reis und grüne Gemüsebeilagen, wie Brokkoli oder Spinat.

Gebratenes Rindfleisch und Kopfsalat mit *Kimchi*

10

Für 3–4 Personen
112 kcal/Portion

- 200 g Rindfleisch, Lende oder Rumpsteak, in dünne Scheiben geschnitten
- ½ Tasse *Kimchi* (scharfer koreanischer eingelegter Kohl)
- ½ Kopfsalat
- 1 EL Sesamöl
- 2 Prisen Salz

1. Fleisch in ca. 4 cm lange Streifen schneiden. *Kimchi* in mundgerechte Stücke schneiden und mit dem Rindfleisch mischen.
2. Salatblätter in mundgerechte Stücke zerpflücken.
3. Sesamöl im Wok stark erhitzen. Fleisch und *Kimchi* zufügen und bei starker Hitze anbraten, bis das Fleisch die Farbe ändert.
4. Salat zugeben, salzen und kurz rührbraten, bis die Salatblätter leicht zusammenfallen. Dabei mehrmals wenden.
5. Aus dem Wok nehmen und sofort servieren.

Das Geheimnis des Rührbratens liegt darin, das Fleisch beim Garen nicht allzu oft zu wenden. Sobald es jedoch die Farbe ändert, kurz umrühren, damit es nicht wässrig wird. Sofort servieren, bevor der Salat zusammenfällt.

Wenn der Wok sehr heiß ist, Fleisch und *Kimchi* gleichmäßig darin verteilen und ohne Wenden garen lassen.

Süß-scharfes Rindercurry

15

Für 4 Personen
264 kcal/serving

ZUBEREITUNGSZEIT 15 min
INKL. GARZEIT 35 min

- 4 Portionen heißer gekochter Reis
- 1 Zwiebel
- 1 Mohrrübe
- 1 Knoblauchzehe
- 1 Stückchen frischer Ingwer
- 1 EL Pflanzenöl zum Braten
- 1 l Wasser
- 1 Packung Currysoßenkonzentrat (100 g)
- 300 g Rindfleisch, in dünne Scheiben geschnitten
- rote eingelegte *Fukujin-zuke* oder anderes eingelegtes Gemüse
- eingelegte *Rakkyô* (Perlzwiebeln), nach Belieben

Currysoßenkonzentrat wird als trockene Paste in Asienläden angeboten und ähnelt in der Form einem großen Schokoladenriegel.

1. Reis zubereiten (siehe S. 89). Während der Reis kocht, Zwiebel in mundgerechte Stücke schneiden. Mohrrübe längs halbieren und in 2 cm dicke Scheiben schneiden. Knoblauch und Ingwer fein hacken.
2. Öl in einem Topf erhitzen. Bevor es ganz heiß ist, Knoblauch und Ingwer zugeben und anbraten, bis sich der Duft entfaltet. Zwiebel und Mohrrübe zufügen und etwa 1 Minute weiterbraten.
3. Wasser zufügen, Topf abdecken und 10 Minuten köcheln lassen, bis die Mohrrübe weich ist. Topf von der Kochstelle nehmen und Currysoßenkonzentrat zugeben. Umrühren, bis es sich vollständig aufgelöst hat.
4. Topf wieder auf die Herdplatte stellen und Fleisch zufügen. Dabei die Scheiben einzeln zugeben, dadurch wird es zarter. Gut umrühren und weiterkochen, bis alles gleichmäßig erhitzt ist.
5. Mit heißem weißem Reis servieren und mit ein wenig eingelegtem rotem Gemüse und eingelegten Perlzwiebeln garnieren.

Wenn Sie den Topf von der Kochstelle nehmen, löst sich das Soßenkonzentrat gleichmäßiger auf.

Statt eingelegter Perlzwiebeln passt auch geriebener Käse.

Gebratene *Gyôza*

40

Für 3–4 Personen
302 kcal. Portion

- 4 Kohlblätter
- ½ Bund (50 g) *Nira* (chinesischer Schnittlauch)
- 1 Knoblauchzehe
- 1 EL Kartoffelstärke
- 150 g Schweinehack
- 1 EL Sojasoße
- 2 TL Sesamöl
- 2 TL Wasser
- 20 runde *Gyôza*-Teigblätter
- Pflanzenöl zum Braten
- Sojasoße, Reisessig und *Râyu* (scharfes chinesisches Chiliöl) nach Geschmack

Falls erforderlich, mehr heißes Wasser in die Pfanne gießen.

1. Kohl kochen und abkühlen lassen, anschließend sehr fein hacken. Aus einer Hand voll Kohl die Flüssigkeit möglichst vollständig herausdrücken. Schnittlauch in kleine Stücke schneiden und Knoblauch hacken. Kohl, Schnittlauch und Knoblauch mit Stäbchen oder einer Gabel in der Kartoffelstärke mischen.
2. Fleisch mit Sojasoße, Sesamöl und Wasser gründlich vermischen. Kohlmischung zugeben und gut vermengen.
3. 1 Teelöffel Füllung in die Mitte jedes Teigblattes geben. Mit einem angefeuchteten Finger innen halb um den Rand fahren. Die andere Seite umklappen, sodass sich eine Halbmondform ergibt, und die Ränder zum Verschließen aufeinander drücken.
4. Bratpfanne stark erhitzen. Öl zugeben, Hitzezufuhr verringern und *Gyôza* in Reihen in die Pfanne legen. Kurz braten, bis die Unterseite eine goldbraune Färbung annimmt. Heißes Wasser zugeben, bis die *Gyôza* halb bedeckt sind (gegen Spritzer und Dampf Deckel bereithalten), und Pfanne abdecken. Hitzezufuhr erhöhen und dünsten, bis der größte Teil der Flüssigkeit verdampft ist.
5. Deckel entfernen, Hitzezufuhr verringern und weitergaren, bis die Pfanne trocken ist und die *Gyôza* brutzeln.
6. *Gyôza* mit einem Pfannenwender herausnehmen, umgedreht auf einem Servierteller anrichten und sofort servieren. Dazu einzelne Schalen für die Soße reichen, die sich jeder nach Geschmack selbst zusammenstellen kann.

Wenn Sie die Kartoffelstärke mit Stäbchen oder einer Gabel unter das gehackte Gemüse mischen, entsteht ein Film über der Mischung, der verhindert, dass sie wässrig wird (nicht mit den Händen vermengen!).

Chinesischer Schnittlauch lässt sich gut durch Zwiebel ersetzen.

Die Soße wird in der Regel zu gleichen Teilen aus Essig und Sojasoße mit einem Schuss *Râyu* (chinesisches scharfes Chiliöl) hergestellt.

Variation: Gekochte *Gyôza*

1. *Gyôza* vorsichtig in einen Topf mit kochendem Wasser gleiten lassen, dem 1 Esslöffel Pflanzenöl zugefügt wurde. Bei starker Hitze etwa 10 Minuten kochen. Abtropfen und auf einem Servierteller anrichten.
2. Mit gehackter Zwiebel und Ingwer servieren und dazu einzelne Schalen mit der Soße reichen.

Abbildung 1

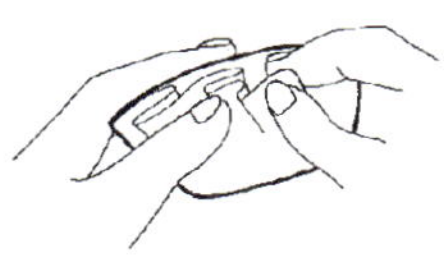

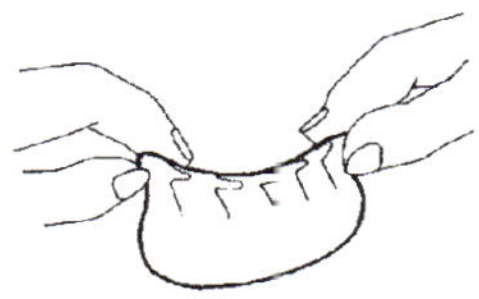

Abbildung 2

Normalerweise werden *Gyôza* am Rand „gesäumt". Rechtshänder halten dazu die gefüllte *Gyôza* in der linken Hand und ziehen den hinteren Rand nach vorne. An einem Ende beginnen und nach oben zum Vorderrand ziehen, dabei in den hinteren Rand kleine Falten drücken (Abbildung 1). Zum Schluss alle Ränder zum Verschließen andrücken (Abbildung 2).

Gedämpfte *Shûmai*-Klöße

30

Für 4 Personen
308 kcal/Portion

Durch das Zubereiten der Zwiebelmischung in einem Extraschritt wird die Füllung leichter.

- ½ Zwiebel
- 300 g Schweinefleisch, gehackt
- ½ TL Salz
- gemahlener schwarzer Pfeffer nach Geschmack
- 1 TL Sesamöl
- 3 gehäufte EL Kartoffelstärke
- 24 quadratische *Shûmai*-Teigblätter
- 1 Blatt *Hakusai* (Chinakohl)
- Sojasoße und Reisessig nach Geschmack
- Senf nach Geschmack

Wenn Sie die Kartoffelstärke mit Stäbchen oder einer Gabel unter die Zwiebel und das Fleisch mischen, entsteht ein Film über der Mischung, der verhindert, dass sie wässrig wird (nicht mit den Händen vermengen!).

1. Zwiebel fein hacken.
2. Fleisch salzen und pfeffern. Sesamöl zugeben und mit der Hand gründlich durchkneten. Beiseite stellen, damit sich die Aromen der Gewürze entfalten können.
3. Zwiebel in eine große Schüssel geben, Kartoffelstärke zufügen und mit Stäbchen oder einer Gabel mischen. Fleischmischung zugeben und mit der Hand gut vermengen. Für die *Shûmai* je 1 gehäuften Teelöffel dieser Mischung in die Mitte eines Teigblattes geben, die Ränder nach oben ziehen und einen Beutel formen (Abbildung 1).
4. Ein Kohlblatt auf den Boden eines Dämpfeinsatzes legen (Abbildungen 2 und 3) und die *shûmai* darauf verteilen. Dabei darauf achten, dass sie sich möglichst nicht berühren (da sie sonst zusammenkleben).
5. Eine ausreichende Menge Wasser (mindestens 2 cm hoch) im Topf erhitzen. Wenn das Wasser kocht, den Dämpfeinsatz in oder auf den Topf setzen (je nach verwendetem Typ) und abdecken. 15 Minuten bei starker Hitze dämpfen.
6. Auf einem Teller servieren und für die Soße aus Sojasoße, Essig und Senf kleine Teller reichen. Der Kohl kann übrigens mitgegessen werden!

Shûmai lassen sich in der Mikrowelle gut wieder aufwärmen (zusammen mit dem Kohlblatt).

Verwenden Sie einen großen Dampfkochtopf aus Metall mit getrenntem Ober- und Unterteil. Wenn Sie einen kleinen, faltbaren Dämpfeinsatz benutzen, setzen Sie ihn in einen großen Topf und legen Sie drei oder vier leere Dosen oder Keramikbecher auf den Boden; so steht der Einsatz höher und es passt mehr Wasser in den Topf.

Abbildung 1

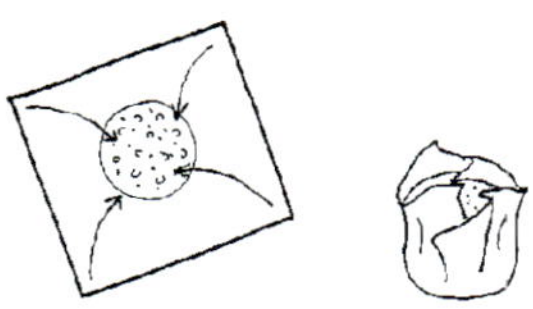

Abbildung 2

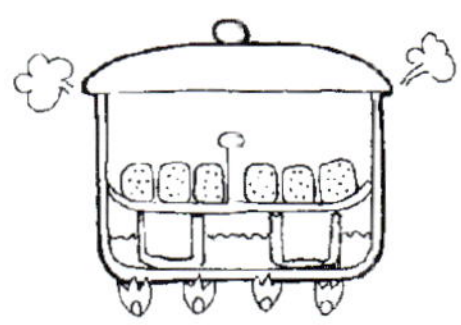

Abbildung 3

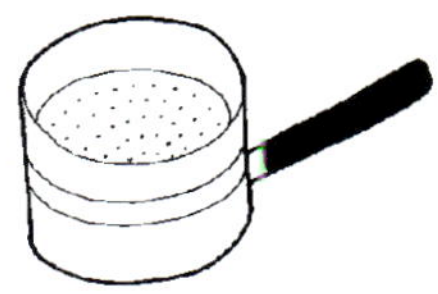

Wenn die *Shûmai* nicht gleich gegessen werden, bedecken Sie bis zum Verzehr mit dem Kohlblatt. Das hält sie warm und verhindert, dass sie austrocknen.

Knackiger *Daikon*-Salat

15

Für 4 Personen
172 kcal/Portion

DAIKON

15–18 cm langes Stück *Daikon*
4 Scheiben Speck
½ TL Pflanzenöl + 1 EL Pflanzenöl
½ TL Salz
1 EL Reisessig
gemahlener schwarzer Pfeffer nach Geschmack
1 EL Zitronensaft
Daikon-Blätter nach Geschmack, feingehackt
japanischer *Sanshô*-Pfeffer oder *Shichimi tôgarashi* (roter Pfeffer) nach Geschmack

1. *Daikon* schälen und in etwa 5 cm lange Stücke schneiden. Diese in Sticks schneiden und 5 Minuten in eine große Schüssel mit kaltem Wasser legen, bis sie knackig sind. In einem Sieb gut abtropfen lassen.
2. Speck in 5 mm breite Streifen schneiden. ½ Teelöffel Öl in einer Bratpfanne erhitzen und Speck bei kleiner Hitze kross braten. Auf Küchenpapier abtropfen lassen.
3. In einer Salatschüssel Salz, Essig, Pfeffer, Zitronensaft und 1 Teelöffel Öl mischen (in dieser Reihenfolge) und gut verrühren.
4. *Daikon*, *Daikon*-Blätter und Speck zugeben und durchmischen.
5. Vor dem Servieren mit japanischen *Sanshô*-Pfeffer bestreuen, um den Geschmack zu intensivieren.

Wenn Sie keine *Daikon*-Blätter zur Verfügung haben, kann man diese auch durch Sellerieblätter ersetzen.

Tomaten-Ingwer-Salat

10

Für 4 Personen
35 kcal/Portion

PERILLABLÄTTER

2 große reife Tomaten
1 Stückchen frischer Ingwer
2 EL Reisessig
2 EL Honig
2 Prisen Salz
8 *Shiso*- (Perilla-) Blätter

1. Gekühlte Tomaten in 1 ½ cm große Würfel schneiden. Ingwer schälen und in Faserrichtung erst in dünne Scheiben und anschließend in sehr feine Streifen schneiden.
2. Für das Dressing Essig, Honig und Salz mischen und gut verrühren.
3. Perillablätter auf einem Teller in einer Reihe auslegen und Tomaten darauf anrichten. Mit dem Honigdressing beträufeln, mit geraspelten Ingwer garnieren und servieren.

Wenn keine Perillablätter erhältlich sind, kann man diese durch Sellerieblätter oder zerkleinerte Salatblätter ersetzen.

In *Sake* gedämpfte Pilze

10

Für 4 Personen
12 kcal/Portion

SHIMEJI-PILZE

6–8 frische *Shiitake*-Pilze
100 g *Shimeji*-Pilze
100 g *Enoki*-Pilze
Salz nach Geschmack
2 EL *Sake*
2 *Sudachi* (japanische Limetten) oder 1 Zitrone
Sojasoße nach Geschmack

1. *Shiitake*-Stiele und die harten Enden der anderen Pilzstiele entfernen. *Shiitake*-Hüte in mundgerechte Stücke schneiden und die anderen Pilze grob zerteilen.
2. Topf leicht anfeuchten (um ein Ansetzen zu verhindern) und Pilze gleichmäßig darin verteilen. Salz und *Sake* zugeben, Topf abdecken und bei starker Hitze garen, bis unter dem Deckel Dampf austritt. Rasch umrühren, Deckel wieder aufsetzen und noch einige Sekunden weiterkochen lassen.
3. Pilze auf einem Servierteller anrichten. Frisch gepressten Limettensaft über die Pilze träufeln und mit etwas Sojasoße abschmecken. Sofort servieren.

Alle Pilzsorten gleichzeitig in die Pfanne geben.

Dieses Rezept lässt sich auch gut mit einer Mischung aus *Shiitake*-Pilzen und jungen Champignons zubereiten.

Salat aus zerdrückten Gurken

10

Für 4 Personen
64 kcal/Portion

ZUBEREITUNGSZEIT 10 min
INKL. RUHEZEIT 30 min

8 Gärtnergurken, ungeschält
1 Stückchen frischer Ingwer, ungeschält
50 ml Sojasoße
50 ml *Sake*
½ TL *Râyu* (chinesisches scharfes Chiliöl)

Gurken in kleinen Portionen einige Sekunden blanchieren und das Dressing darübergeben.

1. Gurken mit einem Nudelholz oder einem hölzernen Stößel schlagen, bis sie aufbrechen. Dann mit den Fingern in mundgerechte Stücke teilen. Ingwer fein hacken.
2. Für das Dressing Sojasoße, *Sake*, Chiliöl und Ingwer in einer großen Schüssel mischen.
3. Wasser in einem Topf zum Kochen bringen und Gurken in 2 oder 3 Portionen hineingeben. Einige Sekunden blanchieren, mit einem Schöpflöffel herausnehmen und abtropfen lassen.
4. Dressing über die Gurken löffeln, sanft mischen und vor dem Servieren 20 Minuten ziehen lassen. Noch mehr Geschmack entfaltet sich, wenn man den Salat über Nacht in den Kühlschrank stellt.

Durch das Zerdrücken entsteht eine zerklüftete Oberfläche; dadurch nehmen die Gurken den Geschmack besser auf, als wenn sie mit dem Messer geschnitten werden.

Salat aus blanchiertem Spinat

10

Für 2–4 Personen
25 kcal/Portion

300 g Spinat
½ TL Salz
1 EL *Dashi*-Brühe (oder Wasser)
2 TL Sojasoße
Katsuobushi (getrocknete Bonitoflocken), nach Geschmack

Wenn Sie den Spinat mit den Blättern voran untertauchen, bleiben diese die ganze Zeit im Wasser und werden gleichmäßig gar.

1. Wasser in einem Topf zum Kochen bringen, Salz zufügen und Spinat mit den Blättern voran vorsichtig hineingleiten lassen. Wenn er ganz im Wasser ist, umdrehen und blanchieren, bis die Stängel etwas weich werden (ca. 3 Minuten).
2. Spinat aus dem Wasser nehmen und sofort in eine Schüssel mit kaltem Wasser legen. Wasser 3- bis 4-mal wechseln, bis es kalt bleibt, und Spinat 5 Minuten einweichen.
3. Spinat aus dem Wasser nehmen, auf einem Schneidebrett ausbreiten und Wasser herausdrücken. Wurzelteile entfernen, Spinat in 2–3 cm große Stücke schneiden, etwas auflockern und auf einem Teller anrichten.
4. *Dashi*-Brühe (siehe S. 90) und Sojasoße mischen und über den Spinat gießen. Mit getrockneten Bonitoflocken bestreuen.

Reste können im Kühlschrank mehrere Tage lang aufbewahrt werden, selbst wenn *Dashi*-Brühe, Sojasoße und Bonitoflocken schon zugefügt wurden. In etwas Pflanzenöl angebraten, entfalten die Reste mit dieser Würzmischung sogar einen besonders vollen Geschmack.

Gekochter *Kabocha*-Kürbis

15 Für 4 Personen
71 kcal/Portion

¼ *Kabocha*-Kürbis (225 g) oder normaler Kürbis
200–300 ml Wasser
1 EL *Mirin* (oder 1 EL *Sake* + 1 TL Zucker)
1 EL Zucker
1 EL *Sake*
1 EL Sojasoße

1. Fruchtfleisch und Kerne aus dem *Kabocha*-Kürbis entfernen, Schale an einigen Stellen entfernen und in 2–3 cm große Würfel schneiden.
2. Topf anfeuchten (um ein Ansetzen zu verhindern) und *Kabocha* mit der Schale nach unten hineingeben. Wasser zufügen, bis der *Kabocha* mehr oder weniger bedeckt ist (die Spitzen sollten ein wenig herausstehen) und mit *Mirin*, Zucker, *Sake* und Sojasoße würzen. Topf abdecken und bei starker Hitze zum Kochen bringen. Bei mittlerer Hitze und geschlossenem Topf weitere 10 Minuten köcheln lassen bzw. bis sich der Kürbis leicht mit einem Zahnstocher einstechen lässt. (Falls das Wasser verdampft, bevor der *kabocha* weich ist, etwas heißes – kein kaltes – Wasser zugeben.)
3. Hitzezufuhr abschalten und vor dem Servieren 5 Minuten im geschlossenen Topf ziehen lassen.

Kabocha lässt sich besser schneiden, wenn er vorher kurz erhitzt wird. Ganz oder halbiert in einen Topf mit heißem Wasser geben und kurz aufkochen lassen. Oder einfach 1–2 Minuten in der Mikrowelle erhitzen.

Durch das teilweise Schälen dringt der Geschmack besser in den *kabocha* ein.

Wenn der *Kabocha* mit der Schalenseite nach unten gekocht wird, behält er besser seine Form bei.

Sautierter Spargel

10 Für 4 Personen
67 kcal/Portion

7–8 grüne Spargelstangen
2 TL Pflanzenöl
½ EL Sojasoße
eine Prise weiße Sesamkörner, geröstet

1. Hartes Ende der Spargelstangen entfernen. Unteren Teil jeder Stange schälen und Stangen in 3–4 gleich lange Teile schneiden. Dickere Teile längs halbieren.
2. Öl in einer Bratpfanne erhitzen und Spargel bei mittlerer bis starker Hitze anbraten, bis er gar ist.
3. Hitzezufuhr kurz abschalten und Sojasoße zufügen. Anschließend bei mittlerer Hitze weiterbraten, bis die gesamte Flüssigkeit verdampft ist; dabei ständig umrühren, damit der Spargel nicht anbrennt.
4. Mit gerösteten Sesamkörnern bestreuen und sofort servieren.

Unteren Teil jeder Spargelstange schälen.

Zum Rösten die Sesamkörner in eine Bratpfanne geben und erhitzen, dabei die Pfanne ständig rütteln. Wenn sich die Körner goldbraun färben, vom Herd nehmen. Geröstete Sesamkörner können auch ein wenig zerkleinert werden (zwischen den Fingern reiben), das intensiviert den Geschmack.

Kurz gekochte grüne Bohnen

15

Für 4 Personen
11 kcal/Portion

200 g grüne Bohnen
1 Brühwürfel
300 ml Wasser
gemahlener schwarzer Pfeffer, nach Geschmack

1. Bohnen abfasern, in je 2–3 Stücke brechen und in einen Topf geben.
2. Wasser angießen, bis die Bohnen bedeckt sind, Brühwürfel zufügen und Topf abdecken. Bei mittlerer Hitze 5–10 Minuten köcheln lassen, bis die Bohnen weich sind.
3. Auf einem Servierteller anrichten und nach Geschmack mit schwarzem Pfeffer würzen.

Wählen Sie beim Kauf hellgrüne und eher schlanke Bohnen.

Salat aus Sojabohnensprossen mit gehacktem Schweinefleisch

15

Für 2-4 Personen
84 kcal/Portion

1 Paket (250 g) Sojabohnensprossen
Salz
100 g Schweinehack
1 EL Reisessig
1 EL Sojasoße
ein Spritzer Sesamöl
1 EL *Benishôga* (eingelegter roter Ingwer) oder frischer Ingwer, in feine Scheibchen geschnitten, nach Belieben

SOJABOHNENSPROSSEN

1. Leicht gesalzenes Wasser in einem Topf zum Kochen bringen. Sojabohnensprossen zugeben und ca. 1 Minute blanchieren. Mit einem Schöpflöffel herausnehmen und zum Abkühlen in ein Sieb geben.
2. Hackleisch in dasselbe Wasser geben und kochen, bis es die Farbe ändert. In einem Sieb abtropfen lassen.
3. Für das Dressing Essig, Sojasoße und Sesamöl in einer großen Schüssel mischen. Fleisch in das Dressing geben und gut vermengen.
4. Wenn das Fleisch erkaltet ist, Sojabohnensprossen in 2–3 Portionen zugeben, bis alle Zutaten gründlich vermischt sind.
5. Eingelegten roten Ingwer zufügen, noch einmal umrühren und servieren.

Achten Sie beim Kauf darauf, dass die Sojabohnensprossen weiß und fest sind. Wenn Sie in der Packung Wasser entdecken, sind die Sprossen nicht mehr frisch.

Dieses Gericht lässt sich auch gut mit Alfalfasprossen statt mit Sojabohnensprossen zubereiten.

Süßer Tomatensalat

5

Für 3–4 Personen
48 kcal/Portion

3–4 reife Tomaten
¼ Zwiebel
1 EL Reisessig
1 EL Honig
eine Prise Salz

Wenn Sie keine Zeit haben, den Salat früher vorzubereiten, legen Sie einfach die ganzen Tomaten einige Minuten in Eiswasser, um sie abzukühlen.

1. Tomaten am Stielansatz mit einer Gabel einstechen und 5–6 Sekunden in kochendes Wasser tauchen, dann sofort mit kaltem Wasser abschrecken und häuten. Stielansatz entfernen und Tomaten in dünne Spalten schneiden.
2. Zwiebel fein hacken.
3. Für das Dressing Essig und Honig mischen und gut verrühren.
4. Tomaten auf einem Teller anrichten, gehackte Zwiebel darüber geben, mit etwas Salz bestreuen und mit Dressing besprenkeln. (Möglichst im Voraus zubereiten und mindestens 1 Stunde in den Kühlschrank stellen, damit sich der Geschmack entfalten kann.)

Durch kurzes Blanchieren lassen sich die Tomaten leicht häuten.

Gekochte *Shiitake*-Pilze

15

Für 4 Personen
112 kcal/Portion

GETROCKNETE *SHIITAKE*-PILZE

10–15 getrocknete *Shiitake*-Pilze
gut 1 EL Sesamöl
1 EL Zucker
1 EL *Mirin* (oder 1 EL *Sake* + 1 TL Zucker)
1 EL Sojasoße
1 EL *Sake*
200 ml Pilzwasser (oder Leitungswasser)

1. *Shiitake*-Pilze einige Minuten in warmem Wasser quellen lassen, bis sie weich sind. Abtropfen (Pilzwasser aufheben!) und Stiele entfernen.
2. Sesamöl in einem Topf erhitzen und Pilze bei mittlerer Hitze kurz anbraten. Wenn die Pilze vollständig erhitzt sind, Hitzezufuhr abschalten.
3. Zucker, *Mirin*, Sojasoße, *Sake* und Pilzwasser zugeben, Topf abdecken und ca. 10 Minuten köcheln lassen bzw. bis die Flüssigkeit größtenteils verdampft ist. Sofort servieren.

Das Einweichwasser der *Shiitake*-Pilze immer aufheben! Es ist ein idealer Geschmacksverstärker für alle gekochten Gerichte oder Suppen.

Diese Pilze passen gut zur „Japanischen Hähnchenpfanne".

Blumenkohl und Brokkoli mit Sesamdip

10

Für 4 Personen
99 kcal/Portion

Die Brokkolistängel und die Blumenkohlröschen werden zuerst ins Wasser gegeben, die Brokkoliröschen erst dann, wenn das Wasser erneut aufkocht.

1 Kopf Blumenkohl
1 Kopf Brokkoli
1 EL *Shironeri goma* (Sesampaste)
1 EL Mayonnaise
1 EL *Miso*-Paste
2 EL Milch

1. Blumenkohl und Brokkoli in Röschen teilen. Die dicke Außenhaut des Brokkolistängels entfernen und Stängel in 5 cm große Stücke schneiden.
2. Brokkolistängel und Blumenkohlröschen in einen Topf mit kochendem Wasser geben und blanchieren. Brokkoliröschen zufügen und kurz kochen lassen. Wenn das Gemüse etwas weicher wird, in einem Sieb abtropfen lassen und zum Abkühlen in einer Lage ausbreiten.
3. Für den Sesamdip die Sesampaste, Mayonnaise, *Miso*-Paste und Milch in einer kleinen Schüssel kräftig verrühren, bis alle Zutaten vermischt sind.
4. Blumenkohl und Brokkoli auf einem großen Teller mit dem Sesamdip in der Mitte anrichten.

Sesamdip schmeckt auch gut zu rohem Gemüse.

Sesampaste ist in Asienläden erhältlich. Sie lässt sich durch das im Nahen Osten verwendete *Tahini* ersetzen oder durch jede andere glatte, ungesüßte Nussbutter, z. B. Erdnussbutter.

Aubergine und Paprika in *Miso* angebraten

10

Für 4 Personen
49 kcal/Portion

Wenn die Auberginen vor dem Garen in Wasser gelegt werden, nehmen sie beim Braten nicht so viel Öl auf. Mit einem Teller beschweren, damit sie vollständig im Wasser liegen.

6–8 kleine Auberginen (je 100 g)
Salz
2 kleine Paprika
1 EL *Miso*-Paste (möglichst rote)
1 EL *Mirin* (oder 1 EL *Sake* + 1 TL Zucker)
1 EL *Sake*
1 EL Sojasoße
2 EL Sesamöl
japanischer *Sanshô*-Pfeffer oder *Shichimi tôgarashi* (roter Pfeffer), nach Geschmack

1. Stielansätze der Auberginen entfernen, die Früchte längs halbieren und diagonal in ca. 5 mm dicke Scheiben schneiden. Mit etwas Salz 5 Minuten in kaltes Wasser legen (1 Teelöffel Salz auf 600 ml Wasser), herausnehmen und mit Küchenpapier trockentupfen.
2. Stielansätze und Kerne der Paprika entfernen und längs in ca. 5 mm breite Streifen schneiden.
3. *Miso*-Paste, *Mirin*, *Sake* und Sojasoße in einer Schüssel mischen und beiseite stellen.
4. Öl im Wok erhitzen und Auberginen und Paprika bei starker Hitze rührbraten, bis die Auberginen weich werden. *Miso*-Mischung zufügen, umrühren und ca. 1 Minute weitergaren.
5. Sofort servieren, dazu japanischen Pfeffer reichen.

Auberginen und *Miso* ergänzen sich geschmacklich hervorragend.

Aubergine mit Ingwer

10

Für 4 Personen
137 kcal/Portion

6–8 kleine Auberginen (je 100 g)
Salz
1 Stückchen frischer Ingwer, gerieben
2 EL Sojasoße
Pflanzenöl zum Braten

1. Stielansätze entfernen und Auberginen streifenweise dekorativ abschälen (siehe Foto). Jede Aubergine längs halbieren und in kaltes Wasser mit ein wenig Salz (1 Teelöffel Salz auf 600 ml Wasser) legen. Nach 5 Minuten herausnehmen und in einem Sieb abtropfen lassen.
2. Geriebenen Ingwer und Sojasoße mischen und in eine Servierschüssel geben.
3. Öl in einer Bratpfanne auf mittlere Hitze (170–180 °C) erwärmen. Auberginen mit Küchenpapier trockentupfen und von der Schalenseite anbraten, bis sie etwas weicher sind. Wenden und von der anderen Seite braten, bis sie sich leicht mit einem Zahnstocher einstechen lassen. Aus der Pfanne nehmen und auf einem Gestell abtropfen lassen.
4. Auberginen im Ingwer-Sojasoße-Dressing wenden, bis sie gleichmäßig damit bedeckt sind. Sofort servieren.

Nehmen Sie nur feste, glänzende Auberginen mit scharfen Stacheln am Stielansatz.

Auberginen mit der Schalenseite nach unten in die Pfanne legen, da diese Seite eine längere Garzeit hat. Wenn sie etwas weicher werden, wenden und von der anderen Seite braten.

Zwiebel-*Hitashi*-Salat

10

Für 4 Personen
28 kcal/Portion

1 ½ Zwiebeln
eine Hand voll *Katsuobushi* (getrocknete Bonitoflocken)
Sojasoße nach Geschmack
Reisessig nach Geschmack

1. Zwiebeln längs halbieren und in Faserrichtung in dünne Scheiben schneiden.
2. Wasser in einem Topf zum Kochen bringen, Zwiebeln zugeben und blanchieren, bis das Wasser erneut zu kochen beginnt. Sofort herausnehmen, abtropfen lassen und Zwiebeln zum Abkühlen ausbreiten.
3. Abgekühlte Zwiebeln in eine Schüssel geben, getrocknete Bonitoflocken darüber streuen und mit etwas Sojasoße und Reisessig beträufeln.

Wenn Sie die Zwiebeln in Faserrichtung schneiden, bleiben sie knackiger.

Gekochtes Mischgemüse

40

Für 4 Personen
368 kcal/Portion

8 kleine *Satoimo* (Taro)
1 *Gobô* (Klettenwurzel)
1 Abschnitt *Renkon* (Lotuswurzel)
1 Block *Konnyaku*
2 Mohrrüben
10 getrocknete *Shiitake*-Pilze
1 Bambussprosse (150–200 g), gekocht

50 g Zuckerschoten
400 ml *Dashi*-Brühe
2 EL helle (*Usukuchi*) Sojasoße
1 EL Sojasoße
1 EL *Sake*
1–2 EL *Mirin*

1. Gewaschene, ungeschälte Taro in einen großen Topf mit kochendem Wasser legen und 3 Minuten bei mittlerer Hitze garen. Abtropfen lassen und schälen und halbieren.
2. Klettenwurzel gründlich abschrubben und gut abspülen. In 2–3 cm lange Stücke schneiden und in eine große Schüssel mit Wasser legen.
3. Lotuswurzel schälen, in dünne Halbmonde schneiden und ebenfalls in eine große Schüssel mit Wasser legen.
4. *Konnyaku* in dünne Scheiben schneiden, etwa wie von einem Stück Butter (siehe Abbildung 1). Jede Scheibe „verknoten": Dazu in der Mitte 2 cm tief einschneiden (Abbildung 2), ein Ende in den Schlitz stecken und gerade ziehen (Abbildung 3).
5. Mohrrüben schälen und in 5 mm dicke Scheiben schneiden.
6. *Shiitake*-Pilze 10 Minuten in warmem Wasser einweichen. Abtropfen lassen und Stiele entfernen.
7. Bambussprosse in mundgerechte Stücke schneiden und gut abspülen.
8. Zuckerschoten in leicht gesalzenem Wasser kurz blanchieren.
9. Taro, Klettenwurzel, Lotuswurzel, *Konnyaku*, Mohrrüben, *Shiitake*-Pilze und Bambussprosse in einen großen Topf geben. Wasser zugeben, bis das Gemüse bedeckt ist, und zugedeckt bei starker Hitze zum Kochen bringen. 3 Minuten ohne Deckel kochen und durch ein Sieb gießen.
10. Gemüse wieder in den Topf geben und *Dashi*-Brühe, helle und herkömmliche Sojasoße sowie *Sake* zugeben. Zugedeckt bei starker Hitze aufkochen lassen, anschließend Hitzezufuhr auf mittlere Hitze verringern und ohne Deckel 10 Minuten köcheln lassen, bis ein Großteil der Flüssigkeit verdampft ist. (Topf dabei gelegentlich rütteln, damit das Gemüse die Aromen gleichmäßig aufnimmt.)
11. *Mirin* zufügen und erneut aufkochen lassen, bis alles schön glasig ist.
12. In eine Servierschüssel geben und mit Zuckerschoten garnieren.

TARO

Statt Taro kann auch Huhn verwendet werden: 200 g Fleisch in 2–3 cm große Stücke schneiden.

Helle Sojasoße lässt sich pro Esslöffel durch 1 Teelöffel normale Sojasoße + ½ Teelöffel Salz ersetzen. *Mirin* kann durch 1–2 Esslöffel *Sake* + 1–2 Teelöffel Zucker ersetzt werden.

Abbildung 1

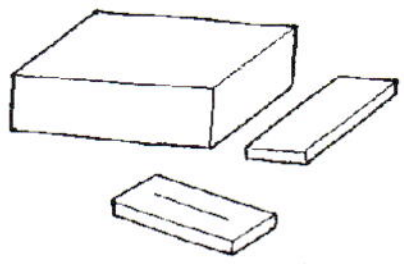

Abbildung 2

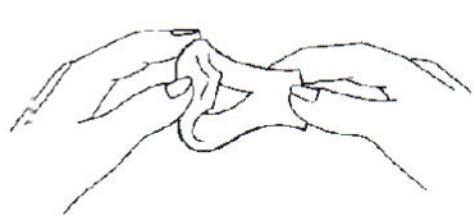

Abbildung 3

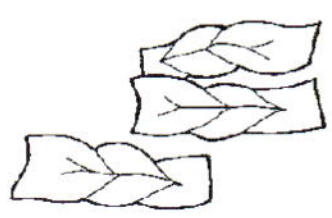

Omrice: Huhn-Reis-Omelett

30

Für 4 Personen
418 kcal/Portion

ZUBEREITUNGSZEIT 30 min
INKL. GARZEIT 65 min

2 Paprika
½ Zwiebel
1 Hühnerbrust (150 g)
1 EL Pflanzenöl + Pflanzenöl zum Braten
Salz und gemahlener schwarzer Pfeffer, nach Geschmack
gut 4 EL Ketchup + 1 EL Ketchup zum Garnieren
4 Portionen gekochter Reis, heiß (je 130 g)
4 Eier
rote eingelegte *Fukujin-zuke* oder anderes eingelegtes Gemüse

Durch das Kochen werden überschüssiges Fett und Wasser aus dem Hühnerfleisch gelöst. Brühe für Suppen aufheben.

1. Reis kochen (siehe S. 89).
2. Inzwischen Stielansätze und Kerne der Paprika entfernen und Zwiebel und Paprika in 5 mm große Würfel schneiden.
3. Überschüssiges Fett vom Huhn entfernen und Fleisch in 5 mm große Würfel schneiden. Fleisch in einem kleinen Topf mit leicht gesalzenem Wasser gar kochen, abtropfen und beiseite stellen.
4. Öl in einer Bratpfanne erhitzen und Zwiebel, Paprika und Huhn bei mittlerer Hitze anbraten, bis das Gemüse gar ist. Salzen und pfeffern, von der Kochstelle nehmen.
5. Ketchup zufügen und Bratpfanne wieder auf den Herd stellen, bis die Mischung beginnt, Blasen zu werfen. Hitze reduzieren und Reis zufügen. Kurz vermengen und beiseite stellen.
6. Omeletts nacheinander zubereiten. Dazu je 1 Ei verquirlen und salzen. Öl in einer Bratpfanne auf mittlerer Hitze erwärmen, Ei hineingeben und gleichmäßig auf dem Pfannenboden verteilen. Wenn das Ei noch nicht ganz fest ist, ein Viertel vom Hähnchenreis in die Mitte geben und die Enden darüber schlagen.
7. Um das Omelett aus der Pfanne zu nehmen, einen Teller darüber halten und die Pfanne umdrehen. Restliche Omeletts auf dieselbe Weise zubereiten. Mit etwas Ketchup dekorativ garnieren und mit eingelegtem Gemüse servieren.

Den heißen gekochten Reis kurz mit dem Huhn vermischen; so schmeckt der Reis nach dem Abkühlen nicht ölig.

Huhn und Reis zugeben, bevor das Ei fest wird. Das Omelett lässt sich nur überschlagen, solange es weich ist.

Rührei mit chinesischem Schnittlauch

10

Für 4 Personen
85 kcal/Portion

Eier und chinesischen Schnittlauch im Wok verteilen und leicht umrühren, wenn sich Blasen bilden.

1 Bund (100 g) *Nira* (chinesischer Schnittlauch)

2 Eier

100 ml *Dashi*-Brühe

2 TL helle (*Usukuchi*) Sojasoße oder 1 TL Sojasoße + ½ TL Salz

1 EL Sesamöl

1. Untere Teile des Schnittlauchs entfernen und Schnittlauch in 2–3 cm cm lange Röllchen schneiden.
2. Eier leicht verquirlen, nicht schaumig schlagen. Mit *Dashi*-Brühe (siehe S. 90) und Sojasoße würzen, Schnittlauch zugeben und gut verrühren.
3. Öl in einem Wok stark erhitzen und Eimischung gleichmäßig darin verteilen. Kurz backen, dabei nur einmal umrühren, wenn sich Blasen bilden. (Die Eier sollten nicht ganz fest sein.) Hitzezufuhr abschalten und sofort servieren.

Eier und chinesischer Schnittlauch passen sehr gut zusammen. Schnittlauch sollte nicht zu lange gegart werden, da er schnell schlaff und wässrig wird und seinen Geschmack verliert.

Das Geheimnis bei diesem Gericht: kein Salz, nur mit *Dashi*-Brühe und Sojasoße würzen.

Krebsfleisch-Omelett mit süßsaurer Soße

15

Für 4 Personen
206 kcal/Portion

100 g Krebsfleisch aus der Dose

1 Bambussprosse (100 g), gekocht

1 Stückchen frischer Ingwer, geschält

6 Eier

Salz, nach Geschmack

Sake, nach Geschmack

200 ml Wasser

1 EL Zucker

1 EL helle (*Usukuchi*) Sojasoße (oder 1 TL normale Sojasoße + ½ TL Salz)

1 EL Reisessig

1 EL Kartoffelstärke, mit 1 EL Wasser angerührt

4 TL Sesamöl

BAMBUSSPROSSE

1. Krebsfleisch zerkleinern und Schalenreste entfernen. Bambussprosse und Ingwer in dünne Scheiben und anschließend in Sticks schneiden. Mit Krebsfleisch vermengen und in 4 Portionen teilen.
2. Eine Schüssel leicht mit Wasser befeuchten (um ein Ansetzen zu verhindern), Eier hineinschlagen, mit Salz und *Sake* würzen und verrühren. In 4 Portionen auf einzelne Schüsseln verteilen. In jede Schüssel 1 Portion Krebsfleisch-Mischung geben und leicht mit dem Ei vermengen.
3. Für die süßsaure Soße Wasser, Zucker, Sojasoße und Essig in einem kleinen Topf mischen. Aufkochen lassen, gelöste Kartoffelstärke zufügen und umrühren, bis die Soße eindickt. Beiseite stellen.
4. Omeletts in einem Wok nacheinander zubereiten; dazu je 1 Teelöffel Sesamöl stark erhitzen und 1 Portion Ei-Krebsfleisch-Mischung zugeben. Mit wenigen großen Bewegungen rasch umrühren, wenden und kurz von der anderen Seite braten. Restliche Omelettes auf dieselbe Weise zubereiten und sofort servieren.

Einzeln lassen sich die Omeletts einfacher zubereiten und schmecken besser.

Bei diesem Gericht ist es wichtig, den Wok stark zu erhitzen und das Omelett rasch zu garen, sodass das Ei innen noch etwas flüssig bleibt.

Tofu mit süßer *Miso*-Soße

15 | Für 4 Personen | 172 kcal/Portion

- 1 Stück fester Tofu
- 3 EL *Miso*-Paste (möglichst rote)
- 3 EL *Sake*
- 1 EL *Mirin* (oder Honig)
- 1 EL Zucker
- 1 kleines Stück Schale einer *Yuzu* (japanische Zitrone) oder Zitronenschale, gewaschen
- 1 Block *Konnyaku*
- ½ EL Sesamöl
- 4–5 *Shiso*- (Perilla-) Blätter oder Kopfsalat oder andere grüne Blätter, nach Belieben

1. Tofu in einen Topf geben, knapp mit Wasser bedecken und bei mittlerer Hitze zum Kochen bringen. 5 Minuten köcheln lassen, bis der Tofu fest ist. Mit einem Pfannenwender vorsichtig aus dem Topf nehmen und auf ein Schneidebrett legen. Mit Küchenpapier trockentupfen.
2. Einen kleinen Topf mit Wasser anfeuchten (um ein Ansetzen zu verhindern), *Miso*-Paste, *Sake*, *Mirin* und Zucker bei mittlerer Hitze darin aufkochen lassen. Wenn die Mischung Blasen bildet, Hitze reduzieren und mit einem Holzlöffel ständig umrühren, bis sie eindickt und glasig wird. Hitzezufuhr abschalten und etwas Zitronenschale zufügen.
3. Tofu und *Konnyaku* in 2 cm dicke Scheiben schneiden (wie bei einem Stück Butter am schmalen Ende beginnen). Eine Seite jeder *Konnyaku*-Scheibe mehrmals kreuzweise einschneiden, damit sie den Geschmack besser aufnimmt (Abbildung 1). Falls vorhanden, je einen hölzernen Spieß durch die Mitte jeder Tofu- und *Konnyaku*-Scheibe stechen; so lassen sie sich leichter aufnehmen und essen.
4. Öl in einer Bratpfanne erhitzen und Tofu und *Konnyaku* bei mittlerer Hitze anbraten, bis sie auf der Außenseite goldbraun und innen warm sind.
5. Auf jeder Scheibe etwas *Miso*-Mischung verteilen und auf einem Bett aus Perillablättern servieren.

Miso-Paste ständig mit einem Holzlöffel umrühren, damit sie nicht anbrennt.

Wenn Sie keine Holzspieße haben, essen Sie die Scheiben mit Stäbchen oder mit Messer und Gabel.

Wenn Sie keine *Shiso*-Blätter bekommen, können Sie diese durch Kopfsalat oder anderes Grüngemüse ersetzen.

Abbildung 1

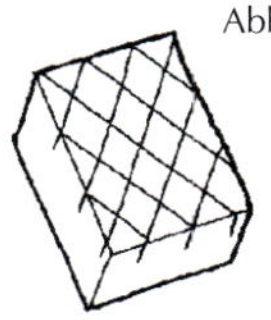

Die Reste der *Miso*-Mischung schmecken sehr gut auf Toast!

Gebackener Tofu in Brühe

40

Für 4 Personen
181 kcal/Portion

2 Stücke Tofu (möglichst fest)

Kartoffelstärke zum Bestäuben des Tofu + 1 EL Kartoffelstärke, mit 1 EL Wasser angerührt

Mehl zum Bestäuben des Tofu

Pflanzenöl zum Frittieren

1 EL *Sake*

1 EL helle (*Usukuchi*) Sojasoße oder 1 TL Sojasoße + ½ TL Salz

200 ml *Dashi*-Brühe

frischer Ingwer, gerieben, nach Belieben

Abbildung 1

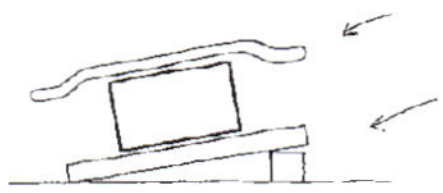

1. Tofustücke auf ein Schneidebrett legen und mit einem Teller beschweren (Abbildung 1). Brett leicht kippen und 15 Minuten so belassen, damit die überschüssige Flüssigkeit ablaufen kann. Beide Stücke halbieren.
2. Kartoffelstärke zu gleichen Teilen mit Mehl mischen und Tofustücke vollständig damit bestäuben. Überschüssiges Mehl abklopfen.
3. Öl in einem Wok auf mittlere Hitze erwärmen (siehe S. 19, Anmerkung zu „Panierte Garnelen") und Tofu hineingleiten lassen. Hitze allmählich erhöhen und braten, bis die Unterseite goldbraun ist. Tofu vorsichtig wenden und auf der anderen Seite goldbraun braten. Tofu aus dem Wok nehmen und auf Küchenpapier abtropfen lassen.
4. *Sake*, Sojasoße und *Dashi*-Brühe in einem Topf zum Kochen bringen (siehe S. 90). Gelöste Kartoffelstärke zugeben und weiterkochen, bis die Soße eindickt.
5. Tofustücke auf Teller verteilen, etwas Soße mit einem Löffel darüber geben und mit ein wenig geriebenem Ingwer bestreuen. Sofort servieren.

Tofu einzeln mit einem Pfannenwender in den Wok gleiten lassen und warten, bis er eine goldbraune Farbe annimmt.

Mabo-dôfu (Chili-Tofu)

30

Für 4 Personen
294 kcal/Portion

2–3 Stücke Tofu (fest oder weich)

1 lange grüne *Naganegi*-Zwiebel

1 Stückchen frischer Ingwer

1 Knoblauchzehe

½ Bund (50 g) *Nira* (chin. Schnittlauch)

1 EL *Miso*-Paste (möglichst rote)

2 EL Sojasoße

2 EL *Sake*

½ TL Zucker

½ TL *Tôbanjan* (chin. *Miso*-Chili-Paste)

½ TL Austernsoße

1 EL Pflanzenöl

150 g Schweinehack

100 ml Wasser

1 EL Kartoffelstärke, mit 1 EL Wasser angerührt

½ TL Sesamöl

Das Fleisch mit der *Miso*-Chili-Soße garen, bevor Sie den Tofu zugeben – dadurch kann sich der Fleischgeschmack voll entfalten.

1. Tofu in Würfel schneiden. In einen Topf geben, Wasser zugeben, bis er bedeckt ist, und zum Kochen bringen. 2–3 Minuten köcheln lassen, dann in einem Sieb abtropfen.
2. *Naganegi*, Ingwer und Knoblauch hacken, Schnittlauch sehr klein schneiden.
3. Für die Soße *Miso*-Paste, Sojasoße, *Sake*, Zucker, *Tôbanjan* und Austernsoße mischen.
4. Öl in einem Wok erhitzen, *Naganegi*, Ingwer und Knoblauch zugeben, bevor es ganz heiß ist, und anbraten. Fleisch zufügen, einen Moment anbraten und Soße zufügen. Bei mittlerer Hitze weiterbraten, bis das Fleisch die Farbe ändert.
5. Hitzezufuhr erhöhen, Tofu zugeben. Wasser zufügen und garen, bis der Tofu vollständig erhitzt ist.
6. Schnittlauch zufügen und umrühren. Angerührte Kartoffelstärke zugeben und rühren, bis die Soße eindickt und glasig wird. Mit Sesamöl beträufeln und sofort servieren.

Wenn das Fleisch die scharfe Soße aufgenommen hat, Tofu und Wasser zugeben und rasch bei starker Hitze garen.

Sommerlicher *Udon*-Salat mit Zitronen-Sesam-Soße

20

Für 3-4 Personen
368 kcal/Portion

3-4 Kopfsalatblätter
1 Salatgurke
1 Tomate
3 Scheiben Schinken
4-5 *Shiso*- (Perilla-) Blätter

4 Portionen getrocknete *Udon*-Nudeln (je 80 g)
4 Zitronenspalten
Mentsuyu (Nudelbrühe)
geröstete weiße Sesamkörner, nach Geschmack

1. Salatblätter mit der Hand in mundgerechte Stücke teilen. Gurke längs halbieren, dann diagonal in dünne Scheiben schneiden. Tomate längs halbieren und in dünne Scheiben schneiden. Schinkenscheiben einmal der Länge nach teilen und in Sticks schneiden. Perillablätter längs halbieren und quer in dünne Streifen schneiden.
2. Wasser in einem großen Topf zum Kochen bringen, Nudeln zugeben und *al dente* kochen. Sofort unter kaltem Wasser abspülen und in einem Sieb abtropfen lassen. Nudeln auf einzelnen Tellern anrichten und Kopfsalat, Gurke, Tomate, Schinken und Perillablätter darüber geben. Mit Zitronenspalten garnieren.
3. *Mentsuyu* zubereiten (siehe S. 90). Über die Nudeln gießen und mit einer Prise Sesamkörner bestreuen; dabei die Körner zwischen den Fingern leicht zerreiben, damit sie mehr Aroma entfalten.

Dieses Gericht ist eine Hauptmahlzeit. Es kann mit Stäbchen oder mit Gabel und Löffel gegessen werden.

Yakisoba-Nudeln mit Meeresfrüchten

15

Für 2 Personen
514 kcal/Portion

½ Zwiebel

1 Stückchen frischer Ingwer

½ Tintenfisch (oder 170 g Krebsfleisch)

4 Kohlblätter

kanpp 150 g Octopusarme oder 170 g Venusmuscheln

3–4 Garnelenschwänze, gekocht

1 EL Pflanzenöl + 1 EL Pflanzenöl zum Braten

1 TL Salz

gemahlener schwarzer Pfeffer nach Geschmack

1 EL *Sake*

2 Portionen frische *Yakisoba*-Nudeln (je 150 g)

Aonori (Algenflocken) oder *Nori* (Algen), nach Belieben

Benishôga (eingelegter roter Ingwer), nach Belieben

1. Zwiebel in hauchdünne Scheiben schneiden. Ingwer in dünne, 2–3 cm lange Scheibchen schneiden.
2. Tintenfisch in 1 ½ cm breite und 5 cm lange Streifen schneiden. Tintenfischarme trennen.
3. Kohlblätter in mundgerechte Stücke schneiden. Octopusarme in Scheiben oder in mundgerechte Stücke schneiden. Garnelenschwänze längs halbieren.
4. 1 Esslöffel Öl in einer Bratpfanne oder im Wok erhitzen, Zwiebeln und Ingwer anbraten und rühren, bis sie gut mit Öl bedeckt sind. Jede Zutat in folgender Reihenfolge bei starker Hitze kurz anbraten, dann die nächste zugeben: Tintenfisch, Kohl, Oktopusarme, Garnelenschwänze. Weiterbraten, bis alle Zutaten gar sind. Mit Salz, Pfeffer und *Sake* würzen, aus dem Wok nehmen und beiseite stellen.
5. 1 weiteren Esslöffel Öl im selben Wok erhitzen. Nudeln nach den Anweisungen auf der Packung anbraten. Wenn die Nudeln gar sind, die übrigen Zutaten wieder in den Wok geben und kurz bei starker Hitze braten, dabei gut mischen.
6. Mit *Aonori* oder mit zerriebenen oder geschnitzelten *Nori* bestreuen und mit eingelegtem rotem Ingwer garnieren.

Anstelle frischer *Yakisoba*-Nudeln kann man auch 2 Portionen getrocknete Spaghetti oder *Bihun*-Nudeln nehmen (dünne Reisnudeln, werden in der chinesischen und der südostasiatischen Küche verwendet). Diese *al dente* kochen.

Kalte chinesische Nudeln

15

Für 4 Personen
460 kcal/Portion

1 Packung (250 g) Sojabohnensprossen
2 Eier
Salz
Pflanzenöl zum Braten
2 Gärtnergurken
6 Scheiben Schinken
6 EL Reisessig
5 EL Sojasoße
2 EL Zucker
1 TL Sesamöl
4 Portionen frische *Chûkamen* (chinesische Eiernudeln), je 130 g, oder Glasnudeln
Benishôga (eingelegter roter Ingwer), nach Belieben, oder herkömmlicher frischer Ingwer, in hauchdünne Scheibchen geschnitten
Senf, nach Belieben
geröstete weiße Sesamkörner, nach Belieben

1. Sojabohnensprossen kurz in leicht gesalzenem, kochendem Wasser blanchieren, bis sie etwas weich werden. Sofort abtropfen lassen und zum Abkühlen beiseite stellen.
2. Eier verquirlen und salzen. Öl in einer großen Bratpfanne erhitzen und ein Viertel der Eimasse bei mittlerer Hitze garen, dabei möglichst dünn auf dem Pfannenboden verteilen. Dünne Eischicht aus der Pfanne nehmen und auf einem Schneidebrett zur Hälfte falten. Restliche Portionen der Eimasse ebenso zubereiten, gefaltete Eischichten übereinander stapeln. Alles in sehr dünne Streifen schneiden.
3. Gurken diagonal in dünne Scheiben, dann in Sticks schneiden. Schinkenscheiben einmal der Länge nach teilen und in dünne Streifen schneiden.
4. Für die Soße Essig, Sojasoße, Zucker und Sesamöl mischen.
5. Wasser in einem großen Topf zum Kochen bringen, Nudeln zufügen und nach den Anweisungen auf der Packung kochen. Abtropfen lassen und unter kaltem Wasser abspülen. Zuletzt Eiswasser verwenden, sodass die Nudeln vollständig erkalten.
6. Nudeln auf Tellern anrichten, Sojabohnensprossen, Ei, Gurke und Schinken darüber geben. Mit eingemachtem rotem Ingwer und Sesamkörnern bestreuen und etwas Senf an den Tellerrand geben. Je ein Viertel der Soße über jede Portion gießen.

Auf diese Weise werden Eier in Japan zubereitet; es genügt aber auch, aus 2 Eiern Rührei zu machen und dieses statt der dünnen Eischichten zu verwenden.

Dünne Eischicht aus der Pfanne nehmen und auf die anderen Blätter legen.

Dieses Gericht kann mit Stäbchen oder mit Gabel und Löffel gegessen werden.

Rindfleisch-Schüssel

10

Für 4 Personen
484 kcal/Portion

ZUBEREITUNGSZEIT 10 min
INKL. GARZEIT 35 min

4 Portionen gekochter Reis, heiß (je 130 g)
1 Zwiebel
1–2 lange grüne *Naganegi*-Zwiebeln
4 EL Sojasoße
2 EL Zucker
1 EL *Sake*
300 g Rindfleisch, in dünnen Scheiben
Benishôga (eingelegter roter Ingwer), nach Belieben

Abbildung 1

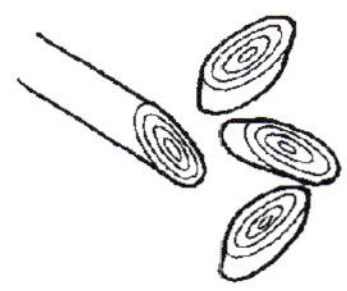

1. Reis zubereiten (siehe S. 89). Während der Reis kocht, Zwiebel längs halbieren und in Faserrichtung in dünne Scheiben schneiden. *Naganegi* diagonal in 5 mm breite Scheiben schneiden (Abbildung 1).
2. In einem flachen Topf Zwiebel, *Naganegi*, Sojasoße, Zucker und *Sake* mischen und bei mittlerer Hitze aufkochen lassen.
3. Hitzezufuhr verstärken und Fleisch scheibenweise zugeben, dabei die Scheiben im Topf ausbreiten. Wenn das Fleisch gar ist, vom Herd nehmen und beiseite stellen.
4. Reis auf vier Schüsseln verteilen, in jede etwas Fleisch-Zwiebel-Mischung und ein wenig Soße geben. Mit ein wenig eingelegtem rotem Ingwer garnieren und servieren.

Die beiden Zwiebelsorten machen dieses Gericht besonders delikat.

Lassen Sie das Fleisch nicht zu lange garen. Der Reis muss heiß sein, damit er den vollen Geschmack von Fleisch und Soße aufnehmen kann.

Oyakodon (Reis mit Huhn und Ei)

10

Für 4 Personen
433 kcal/Portion

ZUBEREITUNGSZEIT 10 min
INKL. GARZEIT 35 min

4 Portionen gekochter Reis, heiß (je 130 g)
200 g Huhn
1 lange grüne *Naganegi*-Zwiebel
400 ml *Dashi*-Brühe
3 EL *Mirin* oder 3 EL *Sake* + 1 EL Zucker
3 EL Sojasoße
4 Eier
Nori (Algen), nach Belieben

1. Reis zubereiten (siehe S. 89). Während der Reis kocht, überschüssiges Fett vom Huhn abschneiden und Fleisch in mundgerechte Stücke schneiden. *Naganegi* diagonal in dünne Scheiben schneiden.
2. In einem flachen Topf *Dashi*-Brühe (siehe S. 90), *Mirin* und Sojasoße zum Kochen bringen. Fleisch zugeben und bei starker Hitze erneut aufkochen lassen. *Naganegi* zufügen und 3–4 Minuten weiterkochen, bis die Zwiebel weich und das Fleisch gar ist.
3. Eier verquirlen und in einer kreisförmigen Bewegung in die Brühe gießen, Fleisch dabei gleichmäßig bedecken. Topf abdecken und 1–2 Minuten bei schwacher Hitze kochen lassen. Wenn das Ei zu gerinnen beginnt, Hitzezufuhr abschalten und Topf abgedeckt etwa 1 Minute dämpfen lassen.
4. Reis auf vier tiefe Schüsseln verteilen und jeweils ein Viertel der Huhn-Ei-Mischung darüber geben. Mit etwas zerkleinertem *Nori* bestreuen und heiß servieren.

Statt *Naganegi* können auch dünne Zwiebelscheiben verwendet werden.

Wichtig: Verquirltes Ei zugeben, solange noch Brühe im Topf ist, und nicht zu lange garen lassen.

Dieses Gericht heißt auf Japanisch „Mutter-und-Kind-Reisschüssel“, weil es aus Huhn und Ei besteht.

Pilzreis

10

Für 4 Personen
310 kcal/Portion

ZUBEREITUNGSZEIT 10 min
INKL. GARZEIT 35 min

400 g Reis, ungekocht
500 ml Wasser
100 g *Shimeji*-Pilze
100 g frische *Shiitake*-Pilze
½ Blatt *Abura-age* (frittierter Tofu)
2 EL *Sake*
½ TL Salz
1 EL Sojasoße
Schale einer *Yuzu* (japanische Zitrone), nach Belieben

1. Reis mindestens 15 Minuten vor dem Kochen waschen. Wasser zugeben und Reis zum Einweichen beiseite stellen.
2. Harte Stielenden der *Shimeji*-Pilze abschneiden und die Pilze grob zerkleinern. Harte Enden der *Shiitake*-Stiele entfernen, Hüte in dünne Streifen, Stiele vertikal schneiden.
3. Frittierten Tofu unter fließendem heißem Wasser abspülen, um das Öl zu entfernen, und Wasser ausdrücken. Einmal längs halbieren und in dünne Streifen schneiden.
4. *Sake*, Salz und Sojasoße mischen, zum ungekochten Reis geben und verrühren. Pilze und frittierten Tofu gleichmäßig darüber verteilen und Reis kochen (siehe S. 89). Nach dem Kochen 10 Minuten ziehen lassen.
5. Gekochten Reis vorsichtig mit einem feuchten Reis- oder Holzlöffel umrühren, um die Zutaten gleichmäßig zu verteilen. In Schüsseln geben und mit ein wenig geriebener Zitronenschale servieren.

YUZU-ZITRONE

Statt frittiertem Tofu können Sie auch Huhn verwenden. Schneiden Sie dazu 100 g Schenkelfleisch in kleine Stücke. Roh zum ungekochten Reis geben.

Dieses Gericht passt gut zu herzhaften Suppen wie der „Gemischten Gemüsesuppe“ oder zu Gemüsesorten wie Spinat oder *Kabocha*-Kürbis.

Geröstete *Onigiri* (Reiskugeln)

30

Für 4 Personen
465 kcal/Portion

ZUBEREITUNGSZEIT 30 min
INKL. BACKZEIT 65 min

gekochter Reis für 8–12 *Onigiri* (Reiskugeln), je 130 g
Sojasoße nach Geschmack
Miso-Paste nach Geschmack
Sake oder *Mirin*

1. Reis zubereiten (siehe S. 89). Nach dem Kochen Deckel abnehmen, damit der Reis etwas abkühlt.
2. Kleine Reisschüssel (oder Kaffeetasse) mit Wasser befeuchten und eine Hand voll gekochten Reis mit einem feuchten Reis- oder Holzlöffel locker hineingeben.
3. Handflächen anfeuchten, überschüssiges Wasser abschütteln und ein wenig Salz auf den Handflächen verreiben. Reis aus der kleinen Schüssel in eine Hand geben (für Rechtshänder: in die linke Hand).
4. Reis zwischen den Handflächen zu einer abgeflachten Kugel pressen. Anschließend Reiskugel drehen, sodass sie auf dem Rand steht, und weiterdrehen, dabei jeden Rand etwas herunterdrücken, um aus der Kugel ein Dreieck zu formen.
5. Ofen auf 200 °C vorheizen, Reiskugeln auf ein Backblech legen und 20 Minuten backen.
6. *Miso*-Paste in etwas *Sake* oder *Mirin* auflösen.
7. Wenn die Reiskugeln eine goldbraune Färbung annehmen, aus dem Ofen nehmen. *Miso*-Mischung sehr dünn auf die Hälfte der Reiskugeln beidseitig auftragen, die übrigen Reiskugeln mit Sojasoße bepinseln.
8. Wieder auf das Blech legen und weitere 5–10 Minuten backen. (Wenn die Färbung nicht dunkel genug ist, erneut mit Sojasoße bestreichen.)

Reis für eine Reiskugel vor dem Formen zum Abkühlen in eine kleine Schüssel geben.

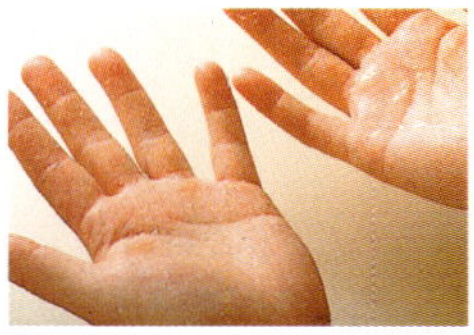

Handflächen leicht anfeuchten und etwas Salz darauf verreiben.

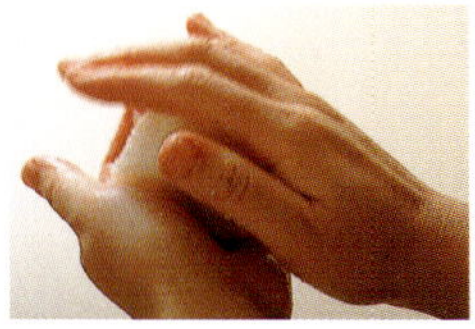

Reis zwischen den Handflächen zu einer abgeflachten Kugel drücken.

Miso-Mischung dünn auf beide Seiten der Reiskugeln streichen.

Auf dem gegenüberliegenden Foto sehen Sie links die Reiskugeln mit Sojasoße, rechts die *Miso*-Reiskugeln.

Reis mit Austern

Für 4 Personen
408 kcal/Portion

ZUBEREITUNGSZEIT 10 min
INKL. GARZEIT 35 min

400 g Reis, ungekocht
½ l Wasser
300 g kleine Austern, ohne Schale
1 Stückchen frischer Ingwer
Schale einer *Yuzu* (japanische Zitrone), nach Belieben

2 EL *Sake*
1 EL Sojasoße
½ TL Salz
1 TL *Mirin* oder 2 Prisen Zucker

1. Reis mindestens 15 Minuten vor dem Kochen waschen. Wasser zugeben und Reis zum Einweichen beiseite stellen.
2. Austern gut durchspülen; dazu in eine Schüssel mit kaltem Wasser legen, einige Male abbrausen und das Wasser wegschütten. Diesen Vorgang mehrmals wiederholen und gut abtropfen lassen. Größere Austern halbieren.
3. Ingwer schälen und erst in dünne Scheiben, dann in Sticks schneiden. Zitronenschale in sehr dünne Raspel schneiden.
4. *Sake*, Sojasoße, Salz und *Mirin* mischen und zum Reis geben. Austern und Ingwerstreifen gleichmäßig darüber verteilen und Reis kochen (siehe S. 89). Nach dem Kochen 10 Minuten ziehen lassen.
5. Reis vorsichtig mit einem feuchten Reis- oder Holzlöffel umrühren, sodass die Zutaten gleichmäßig verteilt werden. In einzelne Schüsseln geben und mit ein wenig geriebener Zitronenschale servieren.

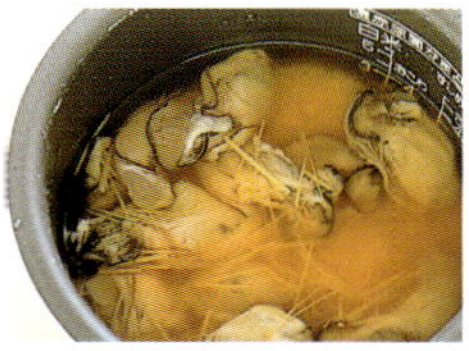

Austern und Ingwerstreifen gleichmäßig auf dem Reis verteilen. Die entscheidende Zutat in diesem Gericht ist der frische Ingwer.

Dieses Gericht passt gut zu Spinat oder grünen Bohnen sowie zur „*Miso*-Suppe mit Tofu und *Nameko*-Pilzen“.

Miso-Suppe mit *Asari*

10

Für 4 Personen
43 kcal/Portion

170 g frische *Asari* (japanische Teppichmuscheln oder ersatzweise Venusmuscheln)

700 ml Wasser

2–3 EL *Miso*-Paste

gemahlener schwarzer Pfeffer, nach Geschmack

1. Muscheln in eine große Schüssel mit kaltem Wasser legen und Verunreinigungen mit den Fingern entfernen. Wasser wegschütten.
2. Muscheln in einen kleinen Topf geben, 700 ml Wasser zufügen und bei starker Hitze aufkochen, bis alle Muscheln vollständig geöffnet sind.
3. Ein wenig Garflüssigkeit aus dem Topf abnehmen, *Miso*-Paste darin auflösen und in die Brühe rühren. Hitzezufuhr nach dem Aufkochen abschalten.
4. In einzelnen Schüsseln mit ein wenig gemahlenem schwarzem Pfeffer servieren.

Wegen des starken Eigengeschmacks der Muscheln ist bei dieser Suppe keine *Dashi*-Brühe nötig.

Wenn Sie die Muscheln auf dem Fischmarkt kaufen, müssen sie u.U. sehr gründlich gereinigt werden. Dafür vor Schritt 1 in Salzwasser einweichen, dessen Salzgehalt etwas unter dem des Meerwassers liegt. Dazu 2 gestrichene Esslöffel Salz pro Liter Wasser auflösen.

Miso-Suppe mit *Wakame* (Algen)

10

Für 4 Personen
28 kcal/Portion

½ Tasse *Wakame* (Algen), getrocknet

10 cm langes Stück *Naganegi*-Zwiebel

800 ml *Dashi*-Brühe

2–2½ EL Misopaste

1. *Wakame* 3–6 Minuten, bzw. bis er weich ist, in kaltem Wasser einweichen. Überschüssiges Wasser ausdrücken und in 2 cm lange Stücke schneiden. *Naganegi* in sehr dünne Scheiben schneiden.
2. *Dashi*-Brühe (siehe S. 90) in einen Topf geben und bei starker Hitze zum Kochen bringen. Algen zugeben, auf mittlere Hitze herunterdrehen und erhitzen, bis die Algen aufquellen.
3. Ein wenig Suppe aus dem Topf abnehmen, *Miso*-Paste darin auflösen und in die Brühe rühren. *Naganegi* zufügen und Hitzezufuhr nach dem Aufkochen abschalten. Sofort servieren.

Durch das Einweichen verdoppelt der *wakame* sein Volumen.

Wakame darf nicht länger als ein paar Sekunden gekocht werden, da er sich sonst leicht auflöst.

Mit dünnen Streifen *Abura-age* (frittiertem Tofu) können Sie der Suppe zusätzlichen Geschmack geben.

Schweinefleisch-Gemüse-Suppe

20

Für 4 Personen
139 kcal/Portion

10 cm langes Stück *Gobô* (Klettenwurzel)
5 cm langes Stück Mohrrübe
5 cm langes Stück *Daikon*
1 kleine Packung *Shirataki* (*Konnyaku*-Nudelstreifen; nach Belieben)
1 Kartoffel
2 *Hakusai*- (Chinakohl-) Blätter oder Kohlblätter
½ EL Sesamöl
150 g Schweinefleisch, in dünne Scheiben geschnitten
800 ml *Dashi*-Brühe
2–3 TL *Miso*-Paste
lange grüne *Naganegi*-Zwiebel, gehackt (oder *Wakegi*/Frühlingszwiebel)
gemahlener schwarzer Pfeffer, nach Geschmack

1. Klettenwurzel gut abspülen. Mit einem Kartoffelschäler dünne Streifen Klettenwurzel in eine Schüssel mit kaltem Wasser schneiden, 5 Minuten einweichen, dann in einem Sieb abtropfen lassen. Mohrrübe und *Daikon* schälen und in dünne Quader schneiden.
2. *Shirataki* abspülen und abtropfen lassen, dann in handliche Stücke schneiden. Kartoffel in mundgerechte Stücke schneiden. Chinakohlstängel erst längs in 5 cm lange Stücke, dann in dünne Streifen schneiden, Blätter grob zerteilen.
3. Sesamöl in einem großen Topf erhitzen, Fleisch und Klettenwurzel bei starker Hitze anbraten, bis das Fleisch weiß wird. Nacheinander Mohrrübe, *Daikon*, *Shirataki*, Kartoffel und Kohl (in dieser Reihenfolge) zugeben und jede Zutat rührbraten, bis sie gut mit Öl bedeckt ist.
4. *Dashi*-Brühe (siehe S. 90) zugeben und bei starker Hitze aufkochen lassen. Auf mittlere Hitze herunterdrehen und weiterkochen, bis das Gemüse weich wird.
5. Ein wenig Suppe aus dem Topf abnehmen, *Miso*-Paste darin auflösen und in die Brühe rühren. Hitzezufuhr abschalten, wenn die Suppe zu kochen beginnt.
6. In Schalen geben, mit gehackter *Naganegi* und etwas Pfeffer bestreuen und servieren.

Diese Suppe ist so herzhaft wie ein Eintopf und passt gut zu Reis oder Brot.

Statt der hier aufgeführten Gemüsesorten können auch Pilze, *Shiitake*, Paprika oder Auberginen verwendet werden (in ähnlich große Stücke schneiden und mit dem Fleisch anbraten). Der *Daikon* lässt sich auch durch ½ Stück Tofu ersetzen.

Miso-Suppe mit Tofu und *Nameko*-Pilzen

10

Für 4 Personen
55 kcal/Portion

½ Stück Tofu
100 g *Nameko*-Pilze
800 ml *Dashi*-Brühe
2 EL *Miso*-Paste
einige Stängel *Mitsuba*-Klee, nach Belieben

KLEE

1. Tofu in mundgerechte Würfel schneiden. *Nameko*-Pilze in ein Sieb geben und mit kaltem Wasser abspülen.
2. *Dashi*-Brühe (siehe S. 90) in einen Topf geben, Pilze zufügen und bei starker Hitze zum Kochen bringen, dann auf schwache Hitze herunterdrehen.
3. *Miso*-Paste in ein wenig Suppe auflösen und in die Brühe rühren. Tofu zufügen, vollständig erhitzen und Hitzezufuhr abschalten, wenn die Suppe aufkocht.
4. In einzelne Schalen geben, mit etwas kleingehacktem Klee garnieren und servieren.

Tofu auf jeden Fall erst nach der *Miso*-Paste zufügen. Er muss nur erhitzt werden.

Wenn Sie keinen Klee bekommen, können Sie diesen auch durch in mundgerechte Stücke geschnittene Zuckerschoten ersetzen.

Gemischte Gemüsesuppe

20

Für 4 Personen
175 kcal/Portion

4 cm langes Stück Mohrrübe
4 cm langes Stück *Daikon*
1 Block *Konnyaku*, nach Belieben
1 Stück Tofu
1 Blatt *Abura-age* (frittierter Tofu)
4 *Satoimo* (Taro) oder 2 mittelgroße Kartoffeln
1 lange grüne *Naganegi*-Zwiebel oder Schnittlauch
1 Bund (100 g) *Shimeji*-Pilze oder junge Champignons

1 EL Sesamöl
1–1,2 l *Dashi*-Brühe
Salz nach Geschmack
1 EL *Sake*
ein Spritzer Sojasoße
1 EL Kartoffelstärke, mit 1 EL Wasser angerührt
½ dünne grüne *Bannônegi*-Zwiebel, gehackt, oder Schnittlauch
1 Stückchen frischer Ingwer, gerieben

1. Mohrrübe und *Daikon* in 5 mm dicke Scheiben schneiden, dann vierteln. *Konnyaku* in mundgerechte Stücke schneiden. Tofu längs halbieren und in 2 cm dicke Streifen schneiden. Frittierten Tofu längs halbieren und in kurze, dünne Streifen schneiden.
2. Taro schälen und in 5 mm dicke Scheiben schneiden. *Naganegi* in 2 cm lange Stücke schneiden. Harte Stielenden der Pilze entfernen.
3. Öl in einem Topf erhitzen und nacheinander Mohrrübe, *Daikon*, *Konnyaku*, Tofu und *Abura-age* zufügen (in dieser Reihenfolge). Jede Zutat bei starker Hitze anbraten.
4. *Dashi*-Brühe (siehe S. 90) zugeben und zum Kochen bringen. Taro zufügen und zugedeckt bei schwacher bis mittlerer Hitze köcheln lassen, bis die Wurzel weich wird.
5. *Naganegi* und Pilze zufügen und mit Salz, *Sake* und Sojasoße abschmecken. Angerührte Kartoffelstärke einrühren und Hitzezufuhr abschalten, wenn die Suppe aufkocht. Mit gehackten *Bannônegi* und ein wenig geriebenem Ingwer servieren.

Japanische Suppe mit verlorenen Eiern

10

Für 4 Personen
73 kcal/Portion

800 ml *Dashi*-Brühe
½ TL Salz
1 EL *Sake*
1 TL Sojasoße
1 EL Kartoffelstärke, mit 1 EL Wasser angerührt

1–2 Eier, verquirlt
1 Stückchen frischer Ingwer, gerieben, nach Belieben
dünne grüne *Bannônegi*-Zwiebel, feingehackt, nach Belieben

Wenn die Suppe eindickt, Ei in einer kreisförmigen Bewegung langsam dazugießen.

1. *Dashi*-Brühe (siehe S. 90) in einen kleinen Topf geben und mit Salz, *Sake* und Sojasoße abschmecken. Zum Kochen bringen.
2. Angerührte Kartoffelstärke zufügen und umrühren, bis die Suppe eindickt.
3. Wenn die Suppe wieder aufkocht, verquirlte Eier in dünnem Strahl in den Topf gießen, Hand dabei im Kreis bewegen. Sobald das gegarte Ei an die Oberfläche steigt, Topf zudecken und Hitzezufuhr abschalten. 1–2 Minuten stehen lassen.
4. In Schalen füllen und mit geriebenem Ingwer und gehackten *Bannônegi* servieren.

Geben Sie nicht zu viel Kartoffelstärke in die Suppe. Sie sollte nicht zu sehr eindicken.

Die *Bannônegi* lassen sich durch Schnittlauch ersetzen.

Grundtechniken

Reis kochen

Für 4 Personen **35 Minuten**

2 Tassen Rundkorn- oder Mittelkornreis
500 ml Wasser

1. Reiskörner in den entnehmbaren Behälter eines automatischen Reiskochers oder in einen großen Topf geben. Zum Waschen die doppelte Menge Wasser in den Topf geben, mit der Hand spülen, bis sich Schlieren im Wasser zeigen, und mit dem Handballen die Reiskörner kneten (Abbildung 1). Wasser wechseln, Vorgang 3- bis 4-mal wiederholen, bis das Wasser klar bleibt.
2. Reiskörner gut abtropfen lassen, 500 ml Wasser zugeben und Reis vor dem Kochen mindestens 15 Minuten einweichen.
3. Wenn Sie einen automatischen Reiskocher verwenden, schalten Sie ihn zum Kochen ein. Wenn Sie den Reis im Topf kochen, Topf fest verschließen und Inhalt bei starker Hitze zum Kochen bringen. Sobald sich Dampf entwickelt und der Deckel zu klappern beginnt, auf schwache Hitze herunterdrehen. (Falls der Topf kurz vor dem Überkochen steht, Deckel leicht verschieben; Abbildung 2.)
4. 10 Minuten weiterkochen, bis der Reis das gesamte Wasser aufgenommen hat, dann Hitzezufuhr abschalten. (Wenn Sie den Deckel vorher verschoben haben, jetzt wieder auf den Topf setzen, damit der Reis richtig dämpfen kann.)
5. Reis neben der Herdplatte 10 Minuten quellen lassen.

Reis und Wasser müssen im Verhältnis 1:1,2 stehen.

Abbildung 1

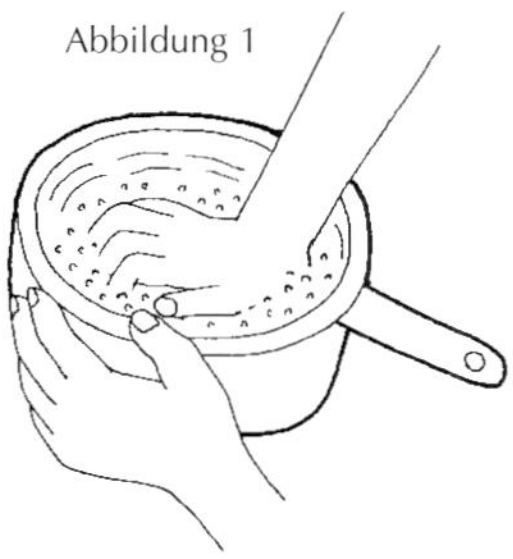

Abbildung 2

Zubereitung von *Dashi*-Brühe

5 Minuten

800–1000 ml Wasser
eine Hand voll *Katsuobushi* (getrocknete Bonitoflocken)

Dashi-Brühe hält sich im Kühlschrank etwa 2 Tage, im Gefrierfach 1 Woche bis 10 Tage.

1. Wasser zum Kochen bringen, Bonitoflocken zugeben und auf schwache Hitze zurückdrehen. Ca. 1 Minute köcheln lassen, dann Hitzezufuhr abschalten.
2. Topfinhalt durch ein Sieb in eine Schüssel gießen. Mit der Rückseite einer Suppenkelle die Flocken gegen das Sieb drücken, um den Geschmack herauszupressen.

Mit der Rückseite einer Suppenkelle oder eines Löffels ausdrücken.

Zubereitung von *Mentsuyu* (Nudelbrühe)

AKTIV 10
GESAMT 25

800 ml Wasser
10 cm langes Stück *Konbu* (getrockneter Seetang)
2 Hand voll *Katsuobushi* (getrocknete Bonitoflocken)
70 ml *Mirin* oder 4 EL *Sake* + 1 EL Zucker
70 ml helle (*Usukuchi*) Sojasoße oder 1 ½ EL normale Sojasoße + 2 TL Salz
1 EL *Sake*

Mentsuyu hält sich im Kühlschrank 3–4 Tage, im Gefrierfach noch länger.

Nudelbrühe ist auch in Flaschen in Asienläden erhältlich.

1. Seetang ganz kurz unter fließendem Wasser abspülen und in einen großen Topf legen. Wasser zugeben und mindestens 15 Minuten ruhen lassen (wenn Sie genügend Zeit haben, 30 Minuten oder länger einweichen lassen).
2. Bonitoflocken, *Mirin* und helle Sojasoße zufügen. Zum Kochen bringen, dann auf schwache Hitze herunterdrehen und 2–3 Minuten köcheln lassen. Anschließend Topfinhalt durch ein Sieb in eine Schüssel gießen. Mit der Rückseite einer Suppenkelle die festen Bestandteile gegen das Sieb drücken, um den Geschmack herauszupressen.

Seetang 30 Minuten oder länger einweichen.

Katsuobushi zufügen.

Mirin, helle Sojasoße und *Sake* zugeben.

GLOSSAR UND REGISTER

Abura-age
Siehe Tofu.

Aonori-Algenflocken
Siehe Nori.

Bambussprossen (_Takenoko_)
Überall in Lebensmittelgeschäften oder Asienläden erhältlich. Bambussprossen in Dosen vor dem Gebrauch kurz blanchieren, um den leicht metallischen Geschmack zu vermeiden. Überschüssige Sprossen in Wasser aufbewahren, im Kühlschrank bis zu einer Woche. Wasser täglich wechseln.

Bannônegi (dünne grüne Zwiebeln)
Manchmal frisch in Asienläden zu bekommen. Lassen sich problemlos durch Schnittlauch oder Kerbel ersetzen.

Benishôga (eingelegter roter Ingwer)
Siehe Ingwer.

Bihun (dünne Reisnudeln)
Getrocknet in Asienläden erhältlich. Vor Gebrauch ca. 15 Minuten in Wasser legen, bis sie weich sind.

Bonitoflocken
Siehe Katsuobushi.

Chinakohl (_Hakusai_)
Auch als *Bok choy* bekannt. Frisch in Asienläden und in den meisten Supermärkten erhältlich.

Chinesischer Schnittlauch (_Nira_)
Ähnelt flachblättrigem Schnittlauch, hat einen delikaten, knoblauchähnlichen Geschmack.

Chinesische scharfe _Miso_-Chili-Paste (_Tôbanjan_)
Diese Paste besteht aus fermentierten Bohnen, versetzt mit gestampften Chilischoten, Essig und anderen Gewürzen. Erhältlich in kleinen Gläsern in Asienläden. Unverwechselbarer Geschmack, verleiht verschiedenen Gerichten chinesischen Ursprungs ihre hellrote Farbe.

Chûkamen (chinesische Nudeln)
In chinesischen Gerichten verwendete Eiernudeln, ähnlich wie die bekannten *Ramen. Chûkamen* sind normalerweise frisch (vakuumverpackt im Kühlregal) oder getrocknet in Asienläden erhältlich.

Currysoßenkonzentrat
Fertige Currypaste, in Asienläden erhältlich. Erinnert von der Form her an einen Schokoriegel. Es gibt drei Sorten: mild, mittelscharf und scharf.

Daikon (weißer Riesenrettich/japanischer Rettich/ chinesischer Rettich)
Wird auf verschiedene Arten zubereitet, z. B. gerieben als Gewürz mit ein paar Tropfen Sojasoße. So wird er zu Tempura und gegrilltem Fisch serviert, zum einen wegen des scharfen Geschmacks, zum anderen weil er bei der Verdauung fettiger Gerichte hilft. Frisch in Asienläden erhältlich, enthält viel Vitamin C. *Daikon* lässt sich nicht durch Radieschen ersetzen, aber durch chinesischen oder bei uns erhältlichen weißen Rettich.

Dashi (Suppenbrühe auf Fischbasis)
Dashi-Brühe erhält ihren Geschmack durch Bonitoflocken, die nach der Zubereitung wieder ausgesiebt werden. Diese Brühe wird nicht nur für Suppen verwendet, sondern bildet auch die Geschmacksgrundlage vieler gekochter Gerichte. In Asienläden gibt es *Dashi*-Brühe auch in Flaschen.

Enoki-Pilze
Diese winzigen weißen Pilze sind mild im Geschmack und enthalten viele Ballaststoffe. Sie haben schlanke, 1 cm lange Stiele und sehr kleine Hüte. Die Pilze sind an der harten Basis miteinander verbunden; diese muss entfernt werden. In einigen Asienläden frisch erhältlich. Können durch andere Pilzsorten, z. B. junge Champignons, ersetzt werden.

Essig
In Japan wird normalerweise weißer Reisessig verwendet. Er ist mild im Geschmack und wird aus fermentiertem, klebrigem Reis hergestellt. Erhältlich in Asienläden und in einigen Supermärkten. Kann durch jeden anderen weißen Essig ersetzt werden, z. B. Weißweinessig.

Fukujin-zuke
Rote *Fukujin-zuke* („sieben Glück bringende eingelegte Gemüsesorten") werden stets zu japanischem Curryreis serviert. Sie bestehen aus einer Mischung von sieben Gemüsesorten, in dünne Scheiben geschnitten und in Sojasoße und *Mirin* eingelegt. Manchmal in kleinen Gläsern in Asienläden erhältlich. Können durch anderes eingelegtes Gemüse ersetzt werden.

Gobô
Siehe Klettenwurzel.

***Gyôza*-Teigblätter**
Dünne, kreisförmige Teigstücke aus Weizenmehl, Eiern und Wasser. Werden pfundweise in Plastikpackungen zu je 80 bis 100 Stück angeboten und sind in Asienläden im Kühlregal zu finden. *Wonton*-Teigblätter sind dünner, können jedoch alternativ verwendet werden.

Ingwer (*shôga*)
Frischer Ingwer hat ein knotiges Aussehen und eine goldbeige Färbung. Erhältlich in Asienläden und vielen Supermärkten. Wenn Sie keinen frischen Ingwer zur Verfügung haben, ersetzen Sie ihn nicht durch pulverisierten Ingwer, der nicht annähernd so scharf ist, sondern verwenden Sie die in Tuben oder Dosen erhältliche Ingwerpaste.

Benishôga ist rot gefärbter, in Essig eingelegter Ingwer. Wird als Gewürz verwendet und ist normalerweise in Asienläden im Kühlregal zu finden. Kann auch durch frischen Ingwer ersetzt werden.

***Kabocha* (japanischer Kürbis)**
Diese Varietät ist klein für einen Kürbis, in der Regel nicht mehr als 20 cm Durchmesser, und hat eine grünliche Schale (die ebenfalls essbar ist); das Fruchtfleisch ist gelborange. *Kabocha* wird auf viele verschiedene Arten zubereitet. Erhältlich in Asienläden und in einigen Supermärkten.

Kartoffelstärke (*Katakuriko*)
Wird in vielen Gerichten zum Eindicken verwendet, gibt Soßen ein leicht glänzendes Aussehen. Kann durch Maisstärke ersetzt werden.

Katakuriko
Siehe Kartoffelstärke.

Katsuobushi
Auch bekannt unter der Bezeichnung *Kezuribushi* oder *Hanagatsuo*. Mit diesen Spänen vom getrockneten Bonito werden *Dashi*-Brühe und viele andere Gerichte gewürzt, häufig werden sie auch zum Garnieren verwendet. Bonitoflocken sind in verschiedenen Packungsgrößen in den meisten Asienläden erhältlich.

Kimchi
Sehr scharfe Mischung aus eingelegtem Chinakohl und Salz, Knoblauch und rotem Chilipulver, spielt eine bedeutende Rolle in der koreanischen Küche. Erhältlich in Gläsern oder Plastikbeuteln im Kühlregal in Asienläden, auch in einigen gut sortierten Supermärkten.

Klee (*Mitsuba*)
Diese Pflanze, eine Verwandte der Petersilie, ist in der japanischen Küche häufig anzutreffen. Sie wird wegen ihrer dekorativen grünen Farbe und ihres pikanten Geschmacks zum Garnieren verwendet.

Klettenwurzel (*Gobô*)
Ballast- und nährstoffreiche Wurzel. Der meiste Geschmack sitzt unter der Haut, daher sollten Klettenwurzeln besser geschrubbt als geschält werden. Wurzel dünn schaben und anschließend in kaltes Wasser legen, um die beißende Schärfe zu mildern.

Konbu
Siehe Seetang.

***Konnyaku* (Teufelszungengelee/Konjac)**
Erhältlich als gräulich braune, in Wasser eingelegte Blöcke im Kühlregal von Asienläden, meist neben Tofu zu finden. *Konnyaku*, eine gelatineartige Masse aus den stärkehaltigen Wurzeln der Teufelszunge, eines Aronstabgewächses, hat keine Kalorien und kaum Geschmack; wird hauptsächlich wegen seiner zähen Konsistenz verwendet. *Siehe auch Shirataki.*

Lotuswurzel (*Renkon*)
Dicke, weißlich-graue Wurzel, frisch in vielen Asienläden erhältlich. Wenn sie quer geschnitten wird, ergeben die Luftlöcher, die sich längs durch die ganze Wurzel ziehen, ein hübsches blumenartiges Muster. Gekochte, in Scheiben geschnittene Lotuswurzel ist auch in Dosen erhältlich.

***Mentsuyu* (Nudelbrühe)**
Mit Seetang, Bonitoflocken, *Mirin* und Sojasoße aromatisiert. *Mentsuyu* dient als Suppengrundlage für viele Nudelgerichte. Sie ist in Flaschen in Asienläden erhältlich.

Mirin
Goldener süßer *Sake*, wird nur zum Kochen verwendet. In einigen Supermärkten und in jedem Asienladen erhältlich. Kann durch *Sake* ersetzt werden, der nach Geschmack mit Zucker gesüßt wurde, ebenso durch Honig.

***Miso* (fermentierte Sojabohnenpaste)**
Diese fermentierte Paste aus Sojabohnen und Gerste, Weizen oder Reis spielt eine Hauptrolle in der japanischen Küche und ist in vielen Bio- und Asienläden erhältlich. Hat einen hohen Nährwert und enthält viel Eiweiß. Wird in verschiedenen Varietäten, Konzentrationen und Farben angeboten; diese lassen sich grob in rotes und helles *Miso* einteilen. Für die Rezepte in diesem Buch können beide Typen verwendet werden.

Mitsuba
Siehe Klee.

Mörser und Stößel (*Suribachi*)
Ein japanischer Mörser ist eine tiefe Schale mit gerippter Innenseite und vielen winzigen Kerben, die als Reibe fungieren. Normalerweise in Asienläden erhältlich. Stattdessen kann auch eine kleine Küchenmaschine oder eine Gewürzmühle verwendet werden.

***Naganegi* (lange grüne Zwiebeln)**
Lange Varietät der Winterzwiebel, wird eher als Gewürz benutzt denn als Gemüse. Ähnelt dem Lauch, ist aber wesentlich dünner und viel länger. Kann durch Zwiebel, Schnittlauch oder Kerbel ersetzt werden. Trotz des Namens wird in der Regel der weiße Stängel verwendet.

***Nameko*-Pilze**
Kleine Pilze mit goldbraunem Hut auf blassen, kurzen Stängeln, fassen sich leicht schlüpfrig an. In kleinen und mittelgroßen Dosen in Asienläden erhältlich. Vor dem Gebrauch abtropfen lassen.

Nira
Siehe Chinesischer Schnittlauch.

***Nori*-Algen (Purpurtang)**
Getrocknete, papierdünne Blätter (schwarz mit einem Hauch von Dunkelgrün), können gerissen, zerrieben oder mit der Schere zerschnitten werden. Im luftdichten Behälter unbegrenzt haltbar.

Die helleren *Aonori*-Flocken (eigentlich eine andere *Nori*-Art) sind auch in Gewürzdosen erhältlich.

Nudeln
Siehe Chûkamen, Udon und *Yakisoba.*

Perillablätter (*Shiso*)
Japanisches Kraut, wird frisch zum Würzen und Garnieren verwendet. Erhältlich im Kühlregal von Asienläden, zu erkennen an der strahlend grünen Farbe und den leicht gezackten Blatträndern.

***Rakkyô* (eingelegte Perlzwiebeln)**
Kleine, runde, weiße Schalotten, gewöhnlich in gesüßtem Essig oder einer Mischung aus *Mirin* und Sojasoße eingelegt. *Rakkyô* werden häufig zusammen mit *Fukujin-zuke* (rotem eingelegtem Gemüse) zu japanischem Curry gereicht.

Râyu
Chinesisches scharfes Chiliöl, in kleinen Flaschen im Asienladen erhältlich.

Reis
Der in Japan verwendete Reis ist rundkörnig. Verwenden Sie für japanische Gerichte möglichst Rundkorn- oder Mittelkornreis, da diese Sorten gut zusammenkleben und sich daher am besten mit Stäbchen essen lassen. Rundkorn- und Mittelkornreis finden Sie in jedem Asienladen und im Supermarkt.

Wenn weißer Reis als Beilage zu einem Gericht serviert wird, können Sie auch Instantreis verwenden.

Reisessig
Siehe Essig.

Sake
Bekannt als Reiswein, wird aber eigentlich gebraut. Erhältlich in Getränkegeschäften und teilweise in Asienläden und Supermärkten. *Siehe auch Mirin.*

***Sanshô* (japanischer Pfeffer)**
Bräunliches Gewürz, nicht sehr scharf, aber von stechendem, aromatischem Geschmack. Wird hauptsächlich für Huhn- und Aalgerichte verwendet. Erhältlich in Asienläden.

Satoimo
Siehe Taro.

Satsumaimo
Siehe Süßkartoffel.

Seetang (*Konbu*)
Getrockneter Seetang wird in langen, dunklen, ledrigen Streifen verkauft. Er enthält viele Mineralien und wird als Geschmacksgrundlage für Suppen und gekochte Gerichte verwendet.

Die weißen Rückstände, die häufig auf der Oberfläche auftreten, müssen nicht unbedingt entfernt werden; einige Köche tun das jedoch. In luftdichtem Behälter unbegrenzt haltbar. Erhältlich im Bioladen und in Asienläden.

Sesam (*Goma*)
Wird als Öl, Paste und in Körnern verwendet.

Sesamöl reichert ein Gericht geschmacklich an, ohne den Grundgeschmack zu überdecken. Unbegrenzt haltbar, wenn es nicht direktem Sonnenlicht ausgesetzt ist. Für japanische Gerichte am besten japanische Marken verwenden.

Sesamkörner gibt es in Weiß und in Schwarz. Weiße Körner werden für eine Vielzahl von Gerichten verwendet, der Geschmack ist jedoch im Wesentlichen gleich. Schwarze Körner werden roh verwendet, weiße sind geröstet oder roh erhältlich; rohe weiße Körner müssen zuerst geröstet werden.

Sesampaste ist in Asienläden erhältlich. Kann auch durch das im Nahen Osten verwendete *Tahini* oder durch jede andere glatte ungesüßte Nussbutter, wie z. B. Erdnussbutter, ersetzt werden.

***Shichimi tôgarashi* („Sieben-Gewürz"-Chilipulver)**
Das japanische Sieben-Gewürz-Chilipulver wird oft nur *Shichimi* genannt und besteht aus scharfem Chilipfeffer und mindestens sechs anderen Gewürzen. Der Geschmack variiert je nach der vom Hersteller benutzten Zusammenstellung. Kann durch normales Chilipulver ersetzt werden.

In Japan wird Chilipulver ohne andere Gewürze auch *Ichimi* („Ein-Gewürz-") *tôgarashi* genannt.

***Shiitake*-Pilze**
Dunkelbraune Pilze mit breitem, flachem Hut, kurzen, hartem Stängel und einem typischen, reichhaltigen Aroma. Die faserigen, zähen Stängel werden in der Regel entfernt. *Shiitake* sind frisch und getrocknet erhältlich. Die getrocknete Variante muss zuerst etwa 10 Minuten in warmem Wasser eingeweicht werden. Frische *Shiitake* werden niemals roh gegessen, sondern finden in allen möglichen gekochten und gegrillten Gerichten Verwendung.

***Shimeji*-Pilze (Austernpilze)**
In einigen Asienläden frisch zu kaufen, haben ein angenehmes, leichtes Aroma. Die braunen Pilze sind an der Stängelbasis in Gruppen verbunden. Können durch andere Pilze, z. B. junge Champignons, ersetzt werden.

***Shirataki* (weißes Faden-*Konnyaku*)**
Diese *Konnyaku*-Art besteht aus dünnen weißen Fäden. Wie *Konnyaku* aus Teufelszungenpaste hergestellt und hat wie dieses keine Kalorien. Wird frisch in Wasser eingelegt verkauft.

***Shishito* (süße grüne Paprika)**
Diese kleine Paprika sieht aus wie ein Jalapeño, ist aber mild und süß im Geschmack. Etwa so groß wie eine Okra.

Shiso
Siehe Perillablätter.

***Shûmai*-Teigblätter**
Quadratische Teigblätter, stapelweise verpackt, zu finden in Asienläden im Kühlregal. *Wonton*-Teigblätter sind dicker, können jedoch ggf. stattdessen verwendet werden.

Sojasoße (*Shôyu*)
Dunkle, salzige Flüssigkeit, von sehr großer Bedeutung in der asiatischen Küche. Besteht aus einer Mischung aus Sojabohnen, Weizen und Wasser, die auf natürlichem Weg fermentiert, gelagert und destilliert wird. Für japanische Gerichte sollten Sie unbedingt japanische Sojasoße verwenden, nicht chinesische, da sich beide Arten im Geschmack recht stark unterscheiden.

In einigen Rezepten in diesem Buch wird *Usukuchi*, also helle, Sojasoße verwendet, die wie weißer Pfeffer für die Beibehaltung der hellen Farbe von bestimmten Gerichten sorgt. Helle Sojasoße hat einen höheren Natriumgehalt als dunkle. Wenn keine helle Sojasoße zur Verfügung steht, kann sie durch normale Sojasoße ersetzt werden; die genauen Mengenangaben finden Sie im jeweiligen Rezept.

***Sudachi* (japanische Limette)**
Diese kleine, saure Zitrusfrucht wird manchmal auch als japanische Limette bezeichnet. Reif nimmt sie eine gelbe Färbung an, ähnlich wie die *Yuzu* (japanische Zitrone). Die *Sudachi* wird jedoch im dunkelgrünen, unreifen Zustand verwendet.

Süßkartoffel (*Satsumaimo*)
Ähnelt sehr der bekannten Süßkartoffel, die japanische Süßkartoffel ist jedoch noch etwas süßer und fester in der Konsistenz. Kann durch normale Süßkartoffeln oder Yamswurzeln ersetzt werden.

Tôbanjan
Siehe Chinesische scharfe *Miso*-Chili-Paste.

Tofu
Tofu ist eine preiswerte Alternative zu tierischem Eiweiß. Wird in Japan seit Jahrhunderten gegessen und erfreut sich inzwischen auf der ganzen Welt steigender Beliebtheit. Erhältlich in zwei Variationen: fest („Baumwolltofu", auf Japanisch *Momen-dôfu*) und weich („Seidentofu", auf Japanisch *Kinu-dôfu*). In den meisten größeren Supermärkten, in Asienläden und im Bioladen erhältlich.

Abura-age, frittierte Tofuscheiben, sind von satter goldbrauner Farbe. Manche Köche reduzieren den Ölgehalt durch kurzes Abspülen unter heißem Wasser und anschließendes Ausdrücken. Erhältlich in Asienläden im Kühlregal.

Tôgarashi
Siehe Shichimi tôgarashi.

Udon-Nudeln
Dicke, weiße Weizennudeln, im Asienladen erhältlich. Getrocknete Nudeln sind fast unbegrenzt haltbar.

Usukuchi-Sojasoße
Siehe Sojasoße.

Wakame-Algen
Zu finden im Asienladen bei den getrockneten Nahrungsmitteln; von dunkelgrüner bis bräunlicher Farbe, nimmt beim Einweichen jedoch eine satte hellgrüne Färbung an. Eine der nahrhaftesten Meerespflanzen, hat jedoch keine Kalorien.

Taro (_satoimo_)
Auch bekannt als Wasserbrotwurzel, manchmal frisch in Asienläden erhältlich. *Satoimo* ähneln klebrigen Kartoffeln mit pelziger Schale und müssen vor Gebrauch gründlich abgeschrubbt werden. Können durch Kartoffeln ersetzt werden.

Yakisoba-Nudeln
Hergestellt aus Weizen und Eiern, werden nur für gebratene Nudelgerichte verwendet. Sind manchmal frisch in Asienläden erhältlich (vakuumverpackt im Kühlregal); nicht zu verwechseln mit *Soba*-Nudeln, die aus Buchweizen hergestellt werden.

Yuzu (japanische Zitrone)
Yuzu werden fast ausschließlich wegen ihrer aromatischen Schale verwendet, die in winzigen Stückchen zum Würzen von Suppen und gekochten Gerichten benutzt wird. Kann durch Zitrone ersetzt werden; die Zitronenschale muss vor dem Gebrauch jedoch sorgfältig gewaschen werden.

Zucker
Wenn in einem Rezept in diesem Buch Zucker verwendet wird, ist weißer Kristallzucker gemeint.

Zwiebel
Siehe Bannônegi, Naganegi.

Register

G

H

I

J

K

L

M

N

O

P

R

S

T

Danksagung

Redaktion: Elizabeth Ogata und Michiko Uchiyama
Übersetzung: Erika Young
Buchdesign: Kazuhiko Miki
Illustrationen: Minori Mizukami (Seiten 9 und 88 und Kapitelsymbole)
Zeichnungen: Tadamitsu Omori (Seiten 41, 43, 45, 61, 67, 69, 75 und 89)
Fachlektorat: William Floyd

Fotografie der Lotuswurzel auf Seite 11 von Minowa Studio

Andere Fotografien erschienen im Original in:

(Fotografien von Shigeki Aoto von Kodansha Ltd., Foodstyling von Norio Itali)
Kobayashi Katsuyo no okazu hyakka (Tokyo: Kodansha Ltd., 1999)
Kobayashi Katsuyo no yasashii washoku (Tokyo: Kodansha Ltd. 1995)
Kobayashi Katsuyo no yasashii osechi (Tokyo: Kodansha Ltd., 1995)
Kobayashi Katsuyo no yasashii men/pasta (Tokyo: Kodansha Ltd., 1997)
Kobayashi Katsuyo no yasashii kurisumasu ryori (Tokyo: Kodansha Ltd., 1996)^

(Fotografien von Shigeki Aoto, Foodstyling von Mariko Kawasaki)
Kobayashi Katsuyo juku (Tokyo: Kodansha Ltd., 1997 [vol. 1] und 1998 [vols. 2 und 3])